직장인과 자영업자도 쉽게 건물주되는 현명한 빌딩투자

월급쟁이 건물주의 비밀

직장인과 자영업자도 쉽게 건물주되는 현명한 빌딩투자

월급쟁이 건물주의 비밀

초판 1쇄 인쇄 2024년 1월 8일
초판 1쇄 발행 2024년 1월 15일

지은이 권기성
펴낸이 이종두
펴낸곳 (주)새로운 제안

책임편집 엄진영
디자인 보통스튜디오
영업 문성빈, 김남권, 조용훈
경영지원 이정민, 김효선

주소 경기도 부천시 조마루로385번길 122 삼보테크노타워 2002호
홈페이지 www.jean.co.kr
쇼핑몰 www.baek2.kr(백두도서쇼핑몰)
SNS 인스타그램(@newjeanbook), 페이스북(@srwjean)
이메일 newjeanbook@naver.com
전화 032) 719-8041
팩스 032) 719-8042
등록 2005년 12월 22일 제386-3010000251002005000320호

ISBN 978-89-5533-648-1 03320

직장인과 자영업자도 쉽게 건물주되는 현명한 빌딩투자

월급쟁이
건물주의 비밀

최고의 지역에서
최악의 건물을 사자

권기성 지음

새로운제안

상승 에스컬레이터를
탄 사람들

이렇게 독자 여러분들을 만나게 되어서 영광입니다. 질문 하나 드리겠습니다. 제가 만약 더 빠르게 더 큰 부자가 되는 방법을 알려드리면 따라 하시겠습니까? 적은 돈으로 빌딩을 통해 더 빠르게 부자가 되는 방법을 알려드리면 따라 하시겠습니까?

따라 하시겠다고요? 좋습니다.

저는 빌딩 매매 시장에서 아주 오랫동안 일했습니다. 그래서 잘 압니다. 대부분의 사람들은 건물주가 되고 싶다고 말을 합니다. 하지만 아무것도 하지 않습니다. 그저 바라기만 할 뿐입니다.

하지만 이것은 여러분의 잘못이 아닙니다. 지금까지 여러분들에게 손쉽게 건물주가 되는 방법을 알려준 사람이 없었기 때문입니다. 지금까지 아무도 여러분들에게 빌딩을 통해서 더 빠르게 부자 되는 방법을 알려주지 않았기 때문입니다. 이제부터 시작하시면 됩니다.

건물주라는 단어를 들으면 큰 부자를 떠올립니다. 이미 큰 부자가 된 사람들이 빌딩을 산다고 생각하는 것입니다. 그래서 부자가 아닌 평범한 사람들은 건물주와 상관이 없다고 생각합니다. 오래전에는 이 생각이 맞았을지도 모릅니다. 하지만 지금은 절반은 맞고 절반은 틀린 생각입니다. 시대가 변했습니다. 우리는 건물주가 되기 아주 쉬운 세상에 살고 있습니다. 점점 젊은 건물주들이 늘어나고 있습니다.

그들은 어떻게 그렇게 젊은 나이에 건물주가 되었을까요? 금수저라서 태어나면서부터 부자였을까요? 로또를 맞았을까요? 코인으로 큰 돈을 벌었을까요? 아닙니다. 그들도 평범한 직장인이었고, 평범한 자영업자였습니다. 이제는 큰 부자가 빌딩을 사는 것이 아니라 남들보다 더 빠르게 더 큰 부자가 되고 싶은 사람들이 빌딩을 사는 것입니다.

이제 눈을 감고 지금 당장 빌딩은 사는데 가장 큰 걸림돌 세 가지를 생각해 보세요. 이 질문에 대해 어떤 사람은 돈이라고 말하고 어떤 사람은 두려움이라고 말합니다. 경험상 직장인이 말하는 가장 큰 걸림돌은 "돈을 어떻게 마련해야 하나?"입니다. 두 번째는 어디를 사야할지 모르는 것이고 마지막 세 번째는 언제 사야할지 모르는 것이 가장 큰 걸림돌이라고 말합니다.

먼저 파트너를 정하세요. 파트너를 정하셨다면 다음으로 해야 할 일은 성장하는 지역을 찾아내는 것입니다. 이미 다 성장해서 모든 사람들에게 알려진 유명한 지역 말고, 이제부터 서서히 알려지기 시작한 지역을 찾아야 합니다. 이런 지역은 반드시 흔적을 남깁니다. 흔적을 따라가세요. 세 번째로 해야 할 일은 그 지역에서 최악의 빌딩을 사는 것입니다. 다시 한번 말하겠습니다. 최고의 빌딩이 아니라 최악의 빌딩을 사야 합니다. 그리고 빌딩의 가치를 높이는 밸류애드 작업을 즉시 시작하세요. 마지막으로 옆 가게에 누구나 아는 익숙한 브랜드들이 들어오기 시작하면 팔고 나오는 것입니다. 한 번, 두 번 이 일을 계속 반복하세요. 그러면 여러분은 상승 에스컬레이터를 탄 것처럼 누구보다 빠르게 더 큰 부자가 되어 있을 것입니다.

이 책은 이미 부자가 된 사람들을 위한 책이 아닙니다. 월급쟁이 직장인과 같은 평범한 사람들 중에서 빌딩투자를 통해 남들보다 더 빠르게 더 큰 부자가 되고자 하는 사람들을 위한 책입니다. 일반인들은 빌딩투자에 대해 '돈이 많이 든다', '강남에 투자해야 돈을 번다'는 큰 두 가지 선입견을 가지고 있습니다.

먼저 '강남에 투자해야 돈을 번다'는 선입견입니다. 수많은 유튜브와 책에서 그렇게 말하고 있습니다. 하지만 이 말은 사실이 아닙니다. 이미 부자가 된 사람이 자산을 지키기 위해서 빌딩에 투자한다면 안정적인 강남을 추천드릴 수 있습니다. 하지만 빌딩투자를 통해 더 빠르게 부자가 되고자 하는 분이라면 비싼 강남이 아니라 빠르게 올라가는 지역에 투자해야 합니다. 이 책에서는 지난 10년간 가장 빠르게 가격이 상승한 지역을 검증하고, 빠르게 상승하는 지역을 찾는 다양한 방법을 제시하고 있습니다.

빌딩투자에 대한 또다른 선입견은 '돈이 많이 든다'는 것입니다. 그래서 일반인들은 꿈도 꾸지 않습니다. 일반인들은 빌딩투자라는 단어를 듣는 순간 '나의 일'이이 아니라 '남의 일'로 치부해 버립니다. 아파트가 몇 십 억 하는 아파트만 있는 것이 아니듯이 빌딩도 다양한 규모의 빌딩이 있습니다. 아파트에 투자할 정도의 돈만 있으면 빌딩 투자도 가능합니다. 이 책에서는 적은 돈으로 빌딩에 투자할 수 있는 방법과 안전성을 확보하기 위한 방법을 제시합니다.

마지막으로 이 책에서는 남들보다 더 빠르게 부자가 되기 위해서 선택해야 하는 빌딩의 형태에 대해서도 말하고 있습니다. 이미 완성된 형태의 빌딩은 외부환경이 변해서 가치가 상승하기를 기다려야 합니다. 하지만 물리적, 운영적, 법적 개선이 가능한 빌딩은 외부환경과 상관없이 자체적인 개선을 통해 가치상승을 이룰 수 있습니다. 이외에도 다양한 빌딩투자의 성공사례와 실패사례를 실었습니다.

이 책이 빌딩투자는 '돈이 많이 든다' '강남에 투자해야 돈을 번다'는 고정관념을 깨고 더 빠르게 더 큰 부자가 되는 상승 에스컬레이터를 올라타는 작은 계기가 되기를 바랍니다.

목차

+ 서문 상승 에스컬레이터를 탄 사람들 004

CHAPTER 1

빌딩 투자 전성시대

+ 1 500년 전에도 월급쟁이 재테크 1순위는 부동산 014
+ 2 직장인, 주식이 아니라 빌딩을 주목하라 021
+ 3 용돈벌이가 아니라 인생이 바뀐다 029
+ 4 도대체 얼마나 있어야 빌딩을 살 수 있나? 034
+ 5 이제는 빌딩 투자의 시대 038
+ 6 아파트만큼 쉬운 빌딩 거래 045
+ **쉬어가는 페이지** : 부가가치세 조기환급 제도를 이용하세요. 062

CHAPTER 2

실패할 수 없는 타이밍 찾기

+ 1 왜 내가 사면 내리고, 내가 팔면 오르나? 066
+ 2 부동산에서는 항상 '지금' 사라고 하는데 정말로 '지금' 사도 될까? 073
+ 3 우리는 지금 어디를 지나고 있나? 076
+ 4 상승기에 나타나는 거래의 형태들 083
+ 5 하락기에 나타나는 거래의 형태들 088

+ 6 빌딩 투자 타이밍 잡는 비법 092

+ **쉬어가는 페이지** : 부동산에서는 수요와 공급의 법칙이 다르게 작동한다. 098

CHAPTER 3

부동산 투자는 지역 선택이 8할이다.

+ 1 지난 10년간 가격이 가장 많이 오른 곳은? 104

+ 2 가격이 비싼 지역이 아니라 변동성이 큰 지역을 주목하라 112

+ 3 가만히 있어도 저절로 가격이 올라가는 성장곡선 투자법 118

+ 4 이런 가게가 등장하면 성장이 시작되는 지역 125

+ 5 이런 가게가 들어오기 시작하면 성장이 끝나가는 지역 130

+ 6 더 큰 부자 되는 지역 찾는 비법 135

+ **쉬어가는 페이지** : 새로운 상권은 어떻게 생기나? 149

CHAPTER 4

두배로 빨리 올라가는 빌딩들

+ 1 돈과 빌딩도 궁합이 맞아야 급상승한다 154

+ 2 더 느리게 부자 되는 빌딩들 157

+ 3 더 빠르게 부자 되는 빌딩들 160

+ 4 빌딩 투자자만이 할 수 있는 단기 가치 상승 비법 163

+ 5 10분이면 끝나는 빌딩 가치 산정법 169

+ 6 급매물이 나에게 오게 하는 방법 176

+ **쉬어가는 페이지** : 리모델링을 위해 1차적으로 검토해야 할 사항 181

CHAPTER 5

돈, 지식, 경험이 부족할 땐
공동 투자로 모아라

+ 1 정부가 추천하는 공동 투자 186
+ 2 대출은 수시로 얼굴을 바꾼다. 191
+ 3 남의 돈을 지렛대로 활용하라 196
+ 4 적은 돈으로 단기간에 성공하는 투자 비법 201
+ 5 내가 현금 10억 원이 있다면 206
+ **쉬어가는 페이지** : 일반상업지역과 3종일반주거지역이 섞여 있는 대지의 용
    적률은? 213

CHAPTER 6

생각보다 단순한 빌딩 관리

+ 1 매매계약 전후 이것만은 확인하자 218
+ 2 임차인은 어떤 빌딩을 좋아하나? 227
+ 3 빌딩 관리 누가, 어디까지 해야 하나? 232
+ 4 부드럽지만 효율적인 임대차 관리 237
+ 5 누구나 따라할 수 있는 빌딩 관리 노하우 244
+ **쉬어가는 페이지** : 도로가 빌딩의 면적을 결정한다? 248

CHAPTER 7

절세의 기술

+ 1 빌딩 살 때 내는 세금 252
+ 2 빌딩 보유할 때 내는 세금 255
+ 3 빌딩 팔 때 내는 세금 257
+ 4 부의 대물림 : 상속세, 증여세 261
+ 쉬어가는 페이지 : 쉽고도 어려운 임차인 명도 269

부록

성공 사례와 실패 사례 분석

+ 1 매도 타이밍을 놓쳐서 어려움을 겪은 실패 사례 274
+ 2 절묘한 매매 타이밍으로 손쉽게 돈을 번 성공 사례 276
+ 3 성숙기 지역에 투자해 기회비용을 날려버린 실패 사례 278
+ 4 꼼꼼한 조사로 도입기에 투자해 큰 부자가 된 성공 사례 280
+ 5 빌딩가치 산정 오류로 큰 낭패를 본 실패 사례 282
+ 6 리모델링으로 단기간 가치를 상승시킨 성공 사례 284
+ 7 소형 신축으로 대박 난 성공 사례 286

빌딩 투자
전성시대

각 시대별 호황산업이 있듯이
각 시대별 각광받는 투자가 있다.
이제 막 전성기가 열린 빌딩투자에 대해 알아보자.

1

500년 전에도
월급쟁이 재테크 1순위는 부동산

입사 3년차쯤일 때의 일이다. 운 좋게 고참 과장님을 직속 상관으로 만나서 업무 뿐 아니라 개인적인 일에서도 많은 도움과 조언을 받고 있었다. 그러던 어느 날 과장님이 아파트 분양권을 구입하는 현장에 같이 동행하게 되었다.

> 나 : "과장님은 집도 있으신 분이 아파트 분양권은 왜 사세요?"
> 과장님 : "무슨 말이야? 집은 집이고, 분양권은 분양권이지."

> 나 : "과장님, 혹시 부동산 투기하시는 거예요?"
> 과장님 : "하하하 투자는 뭐고 투기는 뭐니?"

나 : "음… 글쎄요. 정확히는 모르겠지만 아무튼 투기는 나쁜 거 아닌
가요?"

과장님 : "이래서 내가 널 분양권 사는데도 데리고 간 거야. 촌놈들은
술이나 먹고 큰 소리 뻥뻥 치지만 재테크는 꽝이라니까."

"이제부터 형이 하는 얘기 잘 들어. 넌 아직도 회사가 너무 좋
고, 감사하지? 아마 그럴거야. 우리회사는 그래도 명함 내밀면
남들이 알아주는 기업이고 일도 빡 세지 않으니 친구들도 부러
워하지? 근데, 회사라는 건 다닐 땐 하느님이지만 돌아서는 순
간 남이야. 내 동기 15명으로 시작해서 이제 나 포함 2명 남았
어. 결국에는 회사가 아니라 내가 잘 살아야 하는 거야."

"너 생각에는 지금 같은 생활이 영원할 것 같지? 아마 10년, 20
년 후에도 이렇게 월급 받으면서 저축하고, 내 집 장만하고, 애
들 키우고, 좋은 차 타고, 그렇게 천년 만년 잘 살 것 같지? 넌 아
직 혼자 살아서 결혼이나 내 집 마련 고민을 안 해 봤기 때문에
진짜 어른들의 세계를 모르는 거야. 진짜 어른들의 세계에 들어
오면 남들은 쉽게 하는 것 같은 것도 나에게는 엄청 어려워. 남
들 다 하는 내 집 마련도 내가 하려면 그렇게 어려워. 창피하지
만 나는 부모님 도움도 받고, 대출도 받아서 겨우 서울에 집 하
나 장만 했어. 그래도 아직까지 절반은 은행 거야."

"내가 회사 생활하면서 가장 후회하는게 바로 신입사원 시절에

아무 생각없이 흥청망청 지냈다는 거야. 좀 더 빨리 세상을 알고, 재테크를 좀 더 빨리 시작했다면 좋았을 것 같다는 후회가 태산이야. 그래서 부사수인 너는 조금이라도 빨리 미래를 준비하라고 분양권 사는데도 데려가고 부동산에 대해서 알려주는 거야."

나 : "예, 무슨 말씀인지 잘 알겠습니다. 그런데, 저는 어릴 때부터 돈을 금기시하는 말을 하도 많이 들어서 재테크를 한다든지 돈 이야기하는 것이 편하지는 않습니다. 돈 생각을 하면, '그냥 어떻게든 되겠지.' 라는 생각이 먼저 들어요."

과장님 : "누가 그런 이야기를 했는지 모르겠지만, 돈을 금기시하는 생각을 가지신 분들이 의외로 많지. 아마도 유교 때문이겠지. 사대부 알지? 넌 사대부를 어떻게 생각하니?"

나 : "사대부라면 저도 좀 알죠. 사대부는 고려시대 탐욕에 찌들고 부패한 귀족 세력과 대비되는 신진 관료들로 물질적인 욕심보다는 인, 의, 예, 지, 신, 충, 효를 중요하게 생각하는 청빈한 선비들이라고 생각합니다."

과장님 : "사대부가 재산 증식에 관심이 없다고 알고 있겠구나?"

나 : "예, 당연하죠. 곡간이 비어도 글읽기를 멈추지 않았던 것으로 압니다."

과장님 : "그럼 퇴계 이황 선생의 재산이 얼마였는지 아니?"

나 : "글쎄요? 과장님께서 물어보시니 왠지 많았을 것 같긴 합니다만, 이재를 밝히는 것을 죄악시하는 성리학의 대두이시니 큰 재산을 모으기는 힘들었을 것 같아요. 지금으로 따지면 장관급 정도의 월급을 몇 십년간 받았고 큰 집도 가지고 있었으니 20~30억 정도는 모으지 않았을까요?

과장님 : "오~ 그래도 생각보다 부자로 보고 있구나. 사대부들은 돈을 멀리했기 때문에 가난까지는 아니더라도 적어도 부자는 아닐 것이라는 이미지를 가지고 있어. 하지만 그 이미지는 가난한 사람들이 핑계를 대기 위해 만들어낸 이미지 일 수도 있어. 지금까지도 존경받는 성리학의 대두 퇴계 이황 선생의 상속재산을 현재 물가로 따져보면 500억 원이 넘는다는 설이 있어. 이후 서울시립대 이익주 교수가 TV에서 677억 원이라고 밝히기도 했다전답은 30만 평이나 보유했고, 노비를 250명 이상 보유했다는 거야. 이황의 아들 이준의 분재기(재산을 상속해준 문서)가 기준, 이수건 영남대 명예교수 연구자료이건 지방 지주들 재산의 거의 10배에 육박하는 재산이야. 놀랍지 않니? 엄청난 부자였어. 그렇다고 오해는 하지마. 퇴계 이황 선생이 나쁜 일이나 부정한 일을 했다는 뜻은 전혀 아니야. 오히려 재산을 늘리기 위해 엄청난 노력을 했고 그분을 본받아야 한다고 말하는 거야. 우리가 그렇게 되고 싶어하는 경제적 자유를 성취하신 분이잖아. 퇴계 이황 선생뿐 아니라 당시 중앙 정계에 진출하는 학자들은 지방에 든든한 물질적 기반을 두고 있는 경우가 대부분이라고 들었어."

나 : "과장님, 조선시대의 부동산 분위기는 어땠나요?"

과장님 : "조선은 한양으로 수도를 이전 했잖아. 덕분에 기존 세력들을 싹 물갈이 하고 새로운 조선을 시작할 수 있었지. 하지만 시간이 지날수록 한양으로 사람들이 몰려서 집이 엄청 부족해졌어. 지방에서 한양으로 발령받아 오는 관료들 조차 집이 없어 남의 집에 세 들어 사는 경우도 많았어. 한양에서는 집이 부족하니까 당연히 집값이 오르고, 임대료도 엄청나게 올랐어. 이런 사태가 계속 되다 보니 나중에는 임대료를 인하해 달라고 시위를 하는 일까지 벌어지게 돼."

나 : "조선시대에도 부동산 정책이 있었나요?"

과장님 : "당연히 조선시대 정부도 집값 안정화를 위해 많은 정책들을 펼쳤지. 지금의 공공임대주택처럼 나라가 집을 사들인 후 임대를 하기도 하고, 1가구 1주택 소유 정책을 시행하기도 했어. 그리고 도성 밖 사람이 살지 않던 외곽지역을 개간해서 집을 공급하기도 했지. 소위 말해 신도시를 만들어서 공급한 거야."

나 : "신도시요? 엄청나네요. 조선시대에도 신도시에 투자하고 부동산에 투자하는 재테크가 있었나요?"

과장님 : "당연하지. 그렇게 신도시를 만들고 1가구 1주택 정책을 시행했지만 부동산 투자를 통해 재산 증식을 원하는 사대부들은 궁궐과 가까운 인사동, 청진동, 공평동 등에 여러 채의 집을 사들여 임대를 주기도 하고 시세차익을 얻기도 했어. 조선시대에

는 노비의 수를 늘리는 재테크도 있었지만 투자 1순위는 부동산이었고, 사대부들의 재테크 1순위는 한양 부동산이었어. 부동산은 그때부터 지금까지 오르거나, 폭등하거나 둘 중 하나야."

"그러니까 너도 투자니, 투기니 엉뚱한 말 하지 말고, 회사가 아니라 미래의 너를 위해 부동산 공부를 열심히 하란 말이야. 알았어?"

나 : "네. 과장님. 좋은 말씀 감사합니다."

돈, 부동산, 재테크에 대한 태도 변화의 계기를 만들어준 과장님과의 일화 중 일부분이다. 이후 여러 책과 기사를 찾아보면서 알게 되었지만 어릴 때 위인전에서 읽은 퇴계 이황 선생은 성리학 이념을 구축하는 것뿐만 아니라 재산을 늘리는 것에도 관심이 많았다. 결국 선생은 당대에 재산을 크게 늘렸고, 자식들에게도 재산 늘리는 방법을 코치하기도 했다.

부동산과 재산 증식에 관심이 많았던 것은 비단 이황 선생만의 이야기는 아니다. 많은 사대부들은 부동산 투자를 통해 안정적인 기반을 마련하기를 희망했고 실제로 다양한 부동산 투자를 했다고 전해진다. 특히 성종실록 125권, 성종 12년 재상들이 집을 두 채 씩이나 보유함에 따라 서민들이 거주할 집이 없는 폐단을 지적하며, 한 채로 살다가 적장자에게 상속하면 충분하고, 차남 이후부터는 혼인 후 스스로 집을 짓게 하면 될 것이라는 의견을 제시하였다. 이것은 지금 다주택자를 견제하는 정책과 유사하다.

근대화 이후 정신적인 욕망보다 물질적인 욕망이 커지면서 세상의 가치기준이 물질적인 것으로 변했다고 생각했었다. 그런데 틀렸다. 과거나 현재나 변한 것은 없다. 여전히 먹고 사는 것이 첫 번째 문제다. 역사책과 교실에서 배운 '부자 = 나쁜 사람, 가난한 사람 = 착한 사람'이라는 동화적 선과악의 고정관념이 깨졌다. 어느 시대에나 현실의 땅에 두발로 굳건히 서서 하늘을 봐야 한다. 현실 없는 이상은 허상에 불과하다. 부를 추구하는 것은 500년 전이나 지금이나 인간의 안전 본능을 충실히 따르는 행위다.

500년 전에도 경제적 안정을 위한 재테크 1순위는 부동산 투자였고, 지금도 여전히 재테크 1순위는 부동산 투자다.

2

직장인, 주식이 아니라
빌딩을 주목하라

누군가 부자가 되는 투자 방법을 물어보면 가장 먼저 주식과 아파트가 머리속에 떠오를 것이다. 만약 직장인이라면 주식은 희망이자 절망일 것이다. 직장인들 상당수는 주식을 하지만 수익보다는 손실이 익숙하고 익절보다는 손절이 익숙할 것이다. 코스피의 비탄력적인 모습을 답답해 하며 미국 주식으로 넘어간 직장인들도 상당히 많다. 하지만 미국 주식이라고 만만하게 수익을 내 주지는 않는다.

아파트 투자자라면 부지런하기만 했다면 상당한 수익을 올렸을 가능성이 높다. 하지만 정부는 이런 사람을 투기꾼이라 정의하고 투자수익을 현금화하는데 상당한 어려움을 만들어 놓았다. 지금은 안 팔고 버티겠지만 경제 사정이 계속 여유로울지는 알 수 없다. 세금을 감안하면 수익의 상당 부분이 날아간다. 투자한 부동산에서 현금흐름만 만들어 낼 수 있다면 장기간 버틸 수 있다. 하지만 아파트로 현금흐름을 만들기는 쉽지 않다. 오히려 역전세가 두려울 수 있다.

빌딩 시장은 말 그대로 그들만의 리그였다. 과거 대부분의 건물주는 사옥을 필요로 하는 회사였고, 일부 남는 공간을 임대하는 경우가 일반적이었다. 하지만 빌딩 시장도 외환위기를 겪으면서 확실하게 진화했다. 빌딩은 사옥용이 아니라 투자용이라는 것을 외국인 투자자들이 알려줬다. 이때부터 리츠라는 것이 나오고 부동산펀드가 등장했다. 대중에게 빌딩 시장이 널리 알려지기 시작한 것은 '꼬마빌딩'이라는 단어가 등장한 이후다. 이를 계기로 많은 사람들이 빌딩에 관심을 갖게 되었지만 아파트나 주식 정도는 아니다. 사업에 성공한 사람들이나 주식, 아파트 투자에 성공한 사람들 중 일부만 관심을 갖는 것이 현실이다.

하지만 수익은 어떨까? 과연 직장인들의 절대적 지지를 받는 주식과 주부들의 열렬한 지지를 받는 아파트 그리고 소수의 매니아들에게만 지지를 받는 빌딩의 수익률은 어떨까? 이제부터 코스피지수와 서울 아파트 그리고 서울 빌딩의 가격이 얼마나 상승했는지 알아보자. 기간은 부동산 실거래 가격 데이터가 공개된 2006년부터 2022년까지로 하자.

먼저 주식이다.

[도표 1-1] 06년~22년 코스피지수에서 보듯이 2006년 1월 2일 코스피는 1,383 포인트로 시작해서 2022년 12월 29일 2,236 포인트로 마감한다. 그 사이 주식은 2008년 10월 27일 장중 최저점인 892포인트까지 빠졌다가 2021년 6월 25일 장중 최고점은 3,316 포인트까지 상승하기도 한다. 변동폭은 -36%에서 140%로 상상 이상이다.

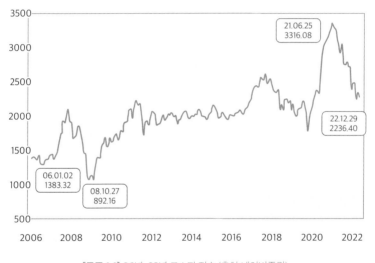

[도표 1-1] 06년~22년 코스피 지수 (출처:네이버증권)

2006년 1월 대비 2022년 12월까지의 상승 포인트는 853 포인트로 상승률은 62%다. 2006년 1월 2일에 코스피 지수에 1억 원을 투자해서 22년 12월 31일까지 가지고 있었다면, 1억 원은 1억 6,200만 원이 되었다는 의미다. 주식에 투자하는 것이 투자하지 않는 것보다는 부자가 되는 길이다. 하지만 변동폭을 견딜 수 있을지 의문이다. 대부분의 주식 투자자는 손실이 나면 어떻게든 견디려고 노력하지만 조금이라도 수익이 나면 팔고 싶어서 안달을 한다. 그래서 대부분의 주식 투자자는 긴 손실, 짧은 수익에 힘들어 한다.

서울 아파트

이번에는 부동산 중에서 서울 아파트 3.3m²$_{3.3m²=평}$당 매매가를 알아 보자. 서울 아파트는 부동산원이 발표하는 서울 아파트 매매 가격 지수를 사용한다. 서울 아파트 매매 가격 지수 2017년 11월 가격을 100으로 환산한 지수고, [도표 1-2]는 06년~22년 서울 아파트 매매 가격 지수 그래프다. 2006년 서울 아파트 매매 가격 지수는 58.5로 시작해서 2022년 12월 141.9로 마감한다. 이 기간 최저점은 시작점인 2006년 1월 58.5이고 최고점은 21년 10월 188.5다.

주식이 시작점인 1,383 포인트에서 시작해 892 포인트까지 빠지는 경험을 한 반면, 서울 아파트 매매 가격 지수는 등락이 있었지만 시작점 이하로 떨어진 경우는 없다. 2006년 1월 대비 2022년 12월까지의 상승 포인트는 83.4, 상승률은 무려 143%다. 2006년 1월 1일에 서울 아파트를 1억 원에 샀다면 22년 12월 31일 현재 1억 4,300만 원이 오른 2억 4,300만 원이라는 것이다.

[도표 1-2]는 왜 서울 아파트 투자자가 부자가 되었는지 잘 보여주는 그래프다. 침체가 와도 하락폭은 크지 않다. 주식처럼 급등락하지 않고 꾸준히 상승한다. 그래서 다들 살면서 부자가 될 수 있는 서울 아파트를 투자의 대상으로 결정한다. 하지만 금융위기 당시에는 정말로 심각했다. 부동산 침체가 영원히 끝나지 않을 것 같았다. 아파트는 주식보다 침체기가 훨씬 길다.

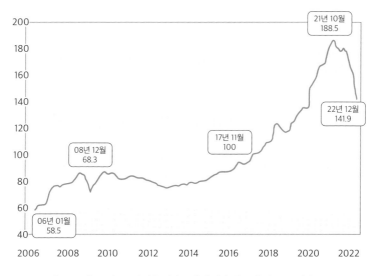

[도표 1-2] 06년~22년 서울 아파트 매매 가격 지수 (출처 : 부동산원)

서울 빌딩

다음은 2006년부터 2022년까지 서울 빌딩 매매 가격을 연면적 기준 단가로 알아보자. 집합건물, 2014년 현대자동차의 한전 부지 10조 5,500억 원 거래는 제외하였다.

[도표 1-3]은 국토교통부에서 제공하는 06년~22년 상업용/업무용 부동산 실거래가격 그래프다. 2006년 서울 빌딩의 연면적 3.3m²당 매매 가격은 914만 원에서 출발한다. 2010년 미국의 서브프라임모기지론 사태로 잠깐 하락기를 겪지만 하락폭은 4%에 불과하다. 서울 빌딩 매매 가격은 꾸준히 상승해 2022년에는 연면적 3.3m² 당 매매 가격은 3,475만 원에 이른다. 2023년 서울 빌딩 매매 가격은 서울 아파트 매매 가격과 함께 하락할 가능성이 높지만 연면적 기준 최고가는 22년에 기록한 3,475만 원이다.

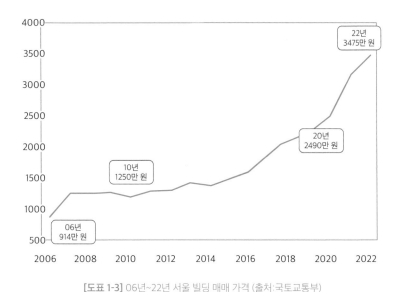

[도표 1-3] 06년~22년 서울 빌딩 매매 가격 (출처:국토교통부)

2006년부터 2022년까지 매매 가격은 연면적 기준 3.3m²당

2,561만 원이 올랐다. 상승률은 무려 280%다. 여기에 더해 주식, 아파트, 빌딩 중에서 가장 높은 운영 수익이 발생하는 것은 당연히 빌딩이다. 앞에서 말한 상승률은 운영수익을 제외한 매매 단가의 상승분만을 감안한 것이다.

2006년 1월 1일에 서울 빌딩을 1억 원에 샀다면 22년 12월 31일에는 2억 8,000만 원이 오른 3억 8,000만 원이 되었다. 그래프를 보면 거의 하락 시점이 보이지 않는다. 꾸준히 우상향하고 있다. 상승률도 높지만 하락하는 경우가 거의 없다는 특징이 나타난다. 그만큼 빌딩 투자는 투자자들의 마음을 편하게 해 준다. 여기에 더해 빌딩 투자는 상당한 운영 수익을 가져다 준다. 일반적으로는 대출금리 이상의 운영 수익을 얻기 때문에 레버리지leverage, 지렛대 효과가 크다.

투자처	2006년 1월 1일	2022년 12월 31일
코스피 지수	1억 원	1억 6,200만 원
서울 아파트	1억 원	2억 4,300만 원
서울 빌딩	1억 원	3억 8,000만 원

[도표 1-4] 코스피, 서울 아파트, 서울 빌딩 비교표

[도표 1-4]를 보면 서울 빌딩 투자가 가장 높은 수익률을 달성한 것을 알 수 있다. 코스피 지수 투자와 서울 빌딩 투자는 무려 2억 1,800만 원의 차이를 발생시킨다. 서울 아파트 투자는 코스피

지수 투자와 서울 빌딩 투자의 중간쯤 위치한다.

이런 결과에도 불구하고 많은 사람들이 주식 투자, 아파트 투자에 매달린다. 빌딩 투자는 돈이 많이 들 것 같다는 선입견 때문에 자포자기해 버린다. 아예 돈이 없으면 불가능하지만 아파트에 투자할 돈만 있으면 분명히 빌딩에 투자할 방법도 있다.

여러분이 노련한 전업 투자자가 아니라 직장인, 자영업자와 같이 평범한 일반인이라면 반드시 빌딩 투자를 주목해야 한다. 그 첫 번째 이유는 앞에서 알아본 바와 같이 하락하는 경우가 극히 드물어 마음 편히 여유 있게 투자할 수 있다. 이것은 곧 업무시간 중에 바쁜 업무를 제쳐두고 급하게 대처해야 할 필요가 전혀 없는 투자라는 것이다. 둘째, 모두가 알고 있듯이 빌딩 투자는 주식 투자보다 100배는 쉽고 단순하다. 셋째, 아파트 투자보다 안정적이고 넉넉한 운영 수익을 만들어 낸다. 넷째, 장기적인 관점에서 본다면 빌딩 투자는 주식 투자나 아파트 투자와 비교할 수 없을 정도로 큰 매매차익을 만들어낸다. 마지막 다섯째, 아파트 투자와 달리 정부의 부동산 정책 변경에 따른 영향이 거의 없다. 이 말은 어느날 갑자기 사지도 팔지도 못하는 상황이 되어서 투자 시나리오를 뜯어 고쳐야 할일이 없다는 것이다. 이것이 직장인, 자영업자와 같이 평범한 일반인들이 빌딩 투자를 주목해야 하는 이유다.

3

용돈벌이가 아니라
인생이 바뀐다

요즘은 월급쟁이들에게 N잡을 부추기는 시대다. 월급쟁이로 부자가 되고 싶은 사람의 소셜네크워크서비스SNS에 뜨는 수많은 광고들은 다음과 같이 말한다.

"하루 2시간 스마트 스토어로 일 년에 20억 팔았다."

"블로그 하루 한 시간으로 300만 원 번다."

"퇴근 후 하루 1시간 구매대행 500만 원 벌기."

"전자책으로 잠잘 때도 돈을 벌 수 있는 패시브 인컴passive income 초기에 어느 정도 작업을 끝낸 다음에는 이를 유지하기 위해 일상적으로 노력할 필요가 거의 없이 지속적으로 벌어들이는 수입을 만들어라."

"이렇게 주식 투자하면 1년에 10억 원 번다."

"경매로 3년만에 100억 원을 벌었다."

"유튜브로 1년에 10억 원을 벌었다."

이 광고들은 당신도 돈 벌 수 있으니 전자책 쓰는 강의를 들어라. 스마트 스토어 강의를 들어라. 블로그 강의를 들어라. 경매 강의를 들어라. 유튜브 강의, 주식 강의를 들으라고 말한다.

혹 하지 않은가? 인스타그램을 배우고, 블로그 강의를 듣고, 전자책 강의를 듣고, 유튜브 강의를 듣고, 스마트 스토어 강의를 듣고 따라만 하면 정말로 부자가 된다고 말한다. 광고는 누구나 할 수 있다고 말한다. 더군다나 하기도 너무 쉽다고 말한다. 과거 지독히도 열등생이었던 자신도 아주 쉽게 부자가 되었으니 당신도 할 수 있다고 말한다. 정말 강의를 듣기만 하면 부자가 될까? 또 부자되기가 그렇게 쉬울까?

천만의 말씀이다. 대부분의 사람들은 강의료만 지불하고 만다. 따라하기는 커녕 돈을 낸 후 강의를 다 듣는 사람도 드물다. 혹시 100분의 1정도의 확률로 돈을 버는 사람들이 나올 수 있지만 큰 돈도 아니고 지속적인 수입을 만들지도 못한다. 더군다나 이런 작은 행운조차도 우리들 몫은 아니다. 이런 일들은 진입장벽이 턱없이 낮아서 시작하기는 쉬워 보이지만 성공확률은 지극히 낮은 일들이다. 강사들은 대부분의 수강생이 실패할 것을 알고 있을 것이다. 하지만 실패 사례는 언급하지 않는다. 어쩌다 나온 조그만 성공

사례만 무한 반복적으로 강조한다. 결국 여러분의 지갑이 그들 수입의 원천으로 전락하고 만다.

직장인들의 가장 큰 재테크 수단은 주식이다. 회사에 입사하면 사수로 지정된 선배로부터 주별, 월별로 해야 할 업무, 타부서와의 협력, 거래처 응대법 등 크고 작은 일들을 배운다. 직접적으로 말하지 않더라도 그들의 행동을 보고 배우고, 전화통화를 듣고 알게 모르게 배운다. 주식투자도 그 중 하나일지 모르겠다.

직장인들 중 상당수가 주식 투자자다. 기술적 이론을 진지하게 공부하거나, 투자 회사의 재무상황, 미래가치를 조사하지는 않는다. 책 한 권 읽지 않고 주식투자에 나서는 경우가 대부분이다. 그리고 도박하는 심정으로 주식투자를 한다. 이것은 동전주를 사든 대형주를 사든 마찬가지다. 또 다른 부류는 누군가에게 들은 비밀정보를 통해서 투자를 한다. 행여 한 번은 맞는다 하더라도 똑같은 패턴을 반복적으로 성공하기는 불가능하다. 투자가 아니라 도박이다. 도저히 이길 수 없는 게임을 하면서 대박을 바라는 것이다.

물론 주식 투자로 부자 반열에 올라선 경우도 있다. 하지만 직장인과 같은 재테크로는 아니다. 짧게는 몇 년에서 길게는 수십 년에 걸쳐 연구하고 투자를 한 경우가 대부분이다. 한마디로 그들은 본업이 주식투자다. 일반 직장인과 같이 귀동냥으로 들은 정보에 의지해서 투자하는 재테크로 큰 돈을 벌 정도로 세상은 자비롭지 않다.

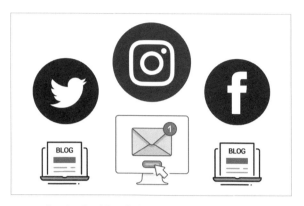

[그림 1-1] N잡을 유혹하는 소셜네크워크서비스(SNS)

그럼 부동산 투자는 어떨까? 직장인들에게 부동산 투자는 아파트 투자와 같은 말이다. 하지만 직장인 중에는 아파트 투자를 적극적으로 하는 경우가 의외로 많지 않다. 주식 투자에 비해 오프라인에서 보내야 하는 시간이 많기 때문일 것이다. 주말에 임장도 해야 하고, 여기저기 다니면서 임대료, 매매 시세도 파악해야 한다. 안 그래도 회사일 하느라 바쁜데 오프라인으로 시간내기가 쉽지 않은 것이 현실이다. 또 목 돈이 없는 회사원들에게는 주식에 비해 상대적으로 큰 돈이 필요한 아파트 투자는 그림의 떡이라고 자포자기 하는 경우도 많다.

그래서 청약에 목을 맨다. 청약은 직장인들이 노릴 수 있는 가장 만만한 방법이다. 오프라인에서 시간을 보낼 필요도 없다. 시장조사도 필요 없고 임장도 필요 없다. 언제 청약을 하는지만 알면 된다. 하지만 청약은 너무 긴 시간을 요구한다. 삼십대에 당첨

되었다는 소식을 들은 적은 거의 없다. 운 좋으면 결혼 후 10년 정도 전세 살다가 당첨된다. 그럼에도 불구하고 당첨되기만 하면 직장인들의 가장 큰 재테크 성공 사례가 된다.

이런 블로그 강의, 인스타그램 강의, 전자책 쓰기, 스마트 스토어 배우기, 주식투자, 아파트 투자를 비롯한 기타 등등을 언급하는 이유는 혹시 앞으로 말할 내용을 이런 부류의 강의들과 비슷한 것이 아닐까 하는 짐작을 사전에 차단하기 위한 것이다. 앞으로 말하려는 내용은 이렇게 시시껄렁한 이야기가 아니다. 이런 시시껄렁한 이야기는 이미 세상에 너무 많다. 굳이 여기서 재방송할 이유가 없다.

여기서 말하는 빌딩 투자는 차원이 다른 이야기다. 돈 많은 사람들이 재산을 지키기 위해서 투자하는 느리게 부자 되는 투자법이 아니다. 앞으로 소개할 성장곡선투자법은 빌딩을 통해서 가장 빠르게 부자 되는 방법이다. 만약 성장곡선투자법을 익히고 실행한다면 최소한의 자금으로 가장 빠르게 상상할 수 없을 정도의 큰 돈을 벌어들이게 될 것이다. 이것은 단순한 용돈벌이 게임이 아니라, 인생을 바꾸는 이야기다.

4

도대체 얼마나 있어야
빌딩을 살 수 있나?

아파트 가격은 천차만별이다. 40억, 50억 하는 강남 아파트도 있고, 강남 펜트하우스, 한남동 고급 아파트들은 100억 원이 넘어가기도 한다. 반면 서울시, 경기도를 포함한 수도권에서 전세 끼고 1억 원 이하로 투자할 수 있는 아파트들도 널렸다. 또 취득세 폭탄을 피할 수 있는 공시가격 1억 원 이하의 아파트도 수두룩하다. 아파트 투자자들이 몇 십 억 원에 달하는 강남 아파트만 투자하는 것도 아니고 공시가격 1억 원 이하의 아파트만 투자하는 것도 아니라는 것을 잘 알고 있을 것이다.

아파트 가격이 천차만별이듯 빌딩 가격도 천차만별이다. 그런데 빌딩이라고 말하면 대부분의 사람들은 목에 신분증을 걸고 있는 대기업 회사원들이 왔다갔다하는 [그림 1-2]에서 왼쪽에 보이는 큰 빌딩을 떠올린다. TV드라마나 뉴스에서 자주 나오는 빌딩들이다. 이런 빌딩을 사려면 어마어마한 돈이 필요한 것이 사실이다. 금액적으로 따지면 몇 천억 원에서 조단위까지 넘어간다. 이런 빌딩에 투자하자는 것이 아니다. 이런 빌딩은 국민연금, 사학연금 등과 같은 국내외 대형 연기금들이 투자하는 부동산 상품이다. 우리는 훨씬 작지만 실속 있는 [그림 1-2]에서 오른쪽 그림과 같은 빌딩에 투자해야 한다.

[그림 1-2] 왼쪽: 빌딩이라는 단어를 들으면 생각나는 빌딩 모습, 오른쪽: 투자하려는 빌딩 모습

여기서는 간단히 20억짜리 빌딩에 투자할 경우 실제로 가지고 있어야 하는 현금이 얼마 정도인지 알아보자. 보다 자세한 내용은 5장에서 살펴보고 여기서는 간단히 알아보도록 하자.

20억짜리 빌딩을 살 때 필요한 현금

중개보수는 0.9% 이내에서 협의하게 되어있다. 법무사 수수료와 합쳐서 1.0%를 지불하는 것으로 하자. 20억 원 × 1.0% = 2,000만 원이다. 빌딩 취득세는 취득가액의 4.6%다. 20억 원 × 4.6% = 9,200만 원이다.

대출 비율은 상황과 성향에 따라 다르지만 일반적으로 보수적 투자자라면 50%, 공격적인 투자자라면 80%까지 대출을 받는다. 매입하려는 빌딩 수익률이 은행 대출금리 이상이라면 대출은 최대한으로 받아서 레버리지leverage를 최대한 활용하는 것이 유리하다. 여기서 대출비율은 매매금액 대비 80%로 하자. 20억 원 × 80% = 16억 원이다. 보증금은 1억 원이라고 하자.

자금 집행		자금 조달	
매입금액	20억 원	담보대출	16억 원
		임대보증금	1억 원
매입부대비용	1억 12,00만 원	자기자본	4억 1,200만 원
합계	21억 12,00만 원	합계	21억 1,200만 원

[도표 1-5] 빌딩 매입 자금 조달과 집행

[도표 1-5]에서 보는 바와 같이 공격적인 투자자라면 20억 원짜리 빌딩을 사는데 자기자본은 4억 1,200만 원만 필요할 뿐이다. 20억짜리 빌딩을 사는데 필요한 자기자본이 4억 1,200만 원

이라고 하면 생각보다 적은 금액 아닌가? 물론 4억 원이라는 돈이 절대적으로 작은 돈이라는 말은 결코 아니다. 20억짜리 빌딩을 사는 것에 비해서 들어가는 돈이 상대적으로 작다는 말이다.

혼자서 단독으로 빌딩을 살 경우, 가지고 있어야 하는 돈은 4억 1,200만 원이다. 두 명이 함께 투자한다고 가정해 보자. 두 명이서 50:50으로 공동투자한다는 것은 투자금을 50%씩 동일하게 투자하고 수익도 동일한 비율로 나눈다는 말이다. 이 경우 20억 원짜리 빌딩을 사는데 불과 2억 600만 원이 필요할 뿐이다. 만약 세 명이 함께 투자한다면 1억 4,000만 원이면 충분하다.

공동투자는 자본을 늘리는 효과도 있지만 같이 투자하는 공동투자자들의 경험과 지식, 지혜를 모으는 효과도 있다. 돈이 넉넉하고 경험도 풍부한 노련한 투자자라면 공동투자는 검토할 필요가 없다. 노련한 투자자는 공동투자로 얻는 것이 별로 없다. 하지만 돈과 경험이 충분치 않은 월급쟁이, 자영업자 투자자라면 동료의 경험, 시간, 돈을 레버리지leverage 할 수 있는 공동투자를 적극적으로 활용해야 한다.

여기서는 빌딩 투자는 엄청나게 큰 돈이 필요하다는 잘못된 믿음 때문에 자세히 알아보지도 않고 지레짐작으로 빌딩 투자를 포기하는 사람들에게 그렇지 않다는 것을 보여주기 위해 간단히 알아봤다. 보다 자세한 내용은 5장에서 다루도록 하겠다.

5

이제는
빌딩 투자의 시대

빌딩 매매 시장은 외환위기 사태를 전후해서 완전히 다른 개념으로 바뀌었다. 외환위기 이전 빌딩은 사옥 개념이었다. 단적인 예로 대형 빌딩 1층은 넓은 로비가 차지하고 있었다. 로비는 화려했고 기업의 영광을 반영하는 듯했다. 하지만 외환위기 이후 빌딩은 수익을 내기 위한 투자의 대상으로 변했다. 사옥 개념에서 존재했던 1층의 넓고 화려한 로비는 커피숍과 전시장으로 변했다. 빌딩을 투자 대상으로 보는 외국계 투자자 입장에서는 수익을 낼 수 있는 공간을 놀리고 있는 것을 두고 볼 수가 없었을 것이다.

중소형 빌딩에 대한 투자가 활성화된 계기를 주택에 대한 투자 규제 정책이 쌓이면서 주택으로 갈 돈이 빌딩으로 넘어왔다는 이야기가 있다. 물론 틀린 말은 아니다. 하지만 개인적으로는 '꼬마빌딩'이라는 단어가 빌딩 투자의 외연을 확장하는데 큰 기여를 했다고 생각한다. 꼬마빌딩이라는 단어가 생기기 전 작은 빌딩에 대한 투자는 매니아들 사이에서만 일어났다. 작은 빌딩에 대한 투자가 꼬마빌딩이라는 단어로 정의된 후 급격히 확산되었다. 부자가 아니어도 빌딩 투자를 할 수 있다는 인식의 변화가 일어났고 투자자의 숫자도 급격히 증가했다.

[도표 1-6]은 서울의 빌딩 거래금액 그래프다_{집합건물 제외, 지분거래} 제외, 해제사유 발생 거래 제외, 2014년 한전부지 매매 제외.

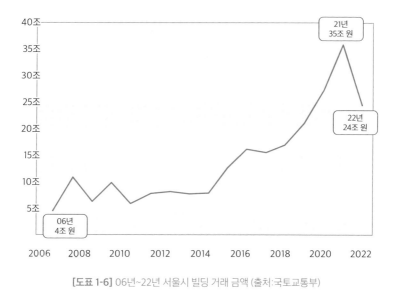

[도표 1-6] 06년~22년 서울시 빌딩 거래 금액 (출처:국토교통부)

[도표 1-6]을 보면 금융위기 이후 지지부진하던 거래금액이

2014년부터 회복세를 보이더니 2015년, 2016년에 확실한 거래 금액 증가를 보여준다. 이 시기부터 매니아들과 관계자들만 하던 빌딩 투자가 대중에게 알려지고 새로운 부동산 투자 상품으로 각광받기 시작한 것이다.

그럼 빌딩 투자는 다른 투자 수단에 비해서 어떤 장점이 있기에 이렇게 많은 사람들이 열광하는 것일까?

장점 1 : 밸류애드

밸류애드Value Add, 자산의 목적을 바꾸거나 리모델링, 증축으로 자산의 가치를 높이는 것을 의미가 가능한 유일한 투자수단이다.

대상 빌딩이 가지고 있는 약점을 적극적으로 개선해 강점으로 바꾼다면 빌딩의 수익률이 개선될 것이고 빌딩의 가치도 상승할 것이다. 이것을 '밸류애드'라고 하는데 이것은 빌딩 투자의 가장 큰 장점 중 하나다.

주식 투자자가 OO전자 주식에 투자를 했다고 가정하자. 이 소액 투자자가 OO전자에 가서 "XX를 생산하는 사업에 뛰어 들어라", "XX라는 상품 생산을 중단하라", "XX에 공장을 지어라" 등 단순히 내 주식의 수익률 개선을 위해서 사업 개선을 주장할 수 있을까? 아마도 미친 놈 취급 당하지 않으면 다행일 것이다. "그냥 굿이나 보고 떡이나 먹어라"는 식의 반응일 것이다. 주식 투자자는 회사가 잘 될 때까지 수동적으로 기다릴 수 밖에 없다.

아파트의 경우는 어떨까? 내가 소유한 전유부분에 한해서 약간의 리모델링은 가능하다. 하지만 아파트 역시 대규모 개선은 힘들다. 유일한 대규모 개선은 재건축이다. 하지만 재건축은 내가 하고 싶다고 하는 것이 아니다. 정부의 정책에 맞아야 하고, 법적 기준도 충족해야 한다. 그리고 가장 중요한 조합원 간의 의견이 일치되어야 한다. 우리나라 재건축은 시작에서 완성까지 평균 10년이 걸린다고 한다. 정말 쉽지 않은 과정이다. 아파트 투자 역시 주변환경이 개선되거나 재건축될 때까지 수동적으로 기다릴 수 밖에 없다.

반면 빌딩의 경우 개선을 통한 빌딩 가치 상승 또는 수익률 개선이 효과적인 유일한 투자수단이다. 여기서 말하는 개선은 물리적 약점을 치유하는 리모델링이 대표적이고 임차인 개선과 법적 리스크 해소도 큰 개선 효과를 볼 수 있다.

리모델링은 빌딩의 상태에 따라 할 수 있는 범위와 방법이 다르지만 리모델링 전후의 차이가 크면 클수록 가치 상승은 더욱 드라마틱하다. 빌딩 매매 시장에는 전문적으로 '낡은 빌딩 매입 → 리모델링 → 고가 매각'이라는 흐름을 이용해 단기간에 고수익을 추구하는 업체들이 상당수 존재한다.

장점 2 : 시세차익과 운영수익을 동시에 추구한다.

주식 투자는 시세차익을 노리는 대표적인 투자다. 미국에 있는 회사들 중 일부는 고배당 정책을 유지하면서 안정적인 현금흐름을 추구하는 투자자를 유인한다. 이를 제외하고는 배당을 목적으로 주식에 투자하는 경우는 별로 없다. 아파트도 비슷하다. 전세가 아니라 월세를 받아서 수익을 올리는 경우도 있지만 극히 일부다. 아파트 투자는 월세로 임차인을 맞추고 은행 대출을 받아서 자기자본 투자를 최소화하는 경우보다 전세 보증금을 활용하여 투자금을 최소화하는 것이 우리나라 아파트 투자에서는 정석으로 통한다.

이에 비해 빌딩은 상당히 높은 운영수익을 추구한다. 운영수익은 곧 빌딩의 가치로 직결된다. 운영수익의 높고 낮음이 곧 빌딩 가치의 높고 낮음을 결정하는 것이다.

직접환원법에 의한 부동산 가치

$$V = I / R$$

빌딩의 가치 V는 년간 수입 I를 수익률 또는 할인율 R로 나눈 값이다. 빌딩의 가치를 올려 시세차익을 창출하기 위해서는 년간 수입 I를 올리거나, 할인율 R을 낮추면 된다. 할인율은 시장에서 결정된다. 건물주가 결정하기 어렵다. 하지만 년 수입은 충분히 건물주가 컨트롤할 수 있다. 적극적인 임차인 유치는 빌딩의 운영 수익뿐 아니라 빌딩가치도 올려준다.

장점 3 : 큰 레버리지(leverage)를 활용할 수 있다.

레버리지 효과는 투자에 들어가는 자기자본을 최소화하고 저렴한 타인자본을 활용함으로써 자기자본 수익률을 극대화하는 효과다. 빌딩의 경우 안정적이고 예측 가능한 임대수익이 있기 때문에 대출을 통한 레버리지 효과를 확실히 누릴 수 있다. 투자의 대표적인 수단인 주식과 아파트도 대출을 활용할 수는 있다. 주식은 가격의 등락폭이 워낙 크기에 레버리지 효과를 추구하다가 깡통을 차는 경우도 있다. 아파트의 경우는 전세보증금을 활용한 레버리지 효과를 추구한다.

빌딩의 경우에는 대출에 대한 규제도 거의 없다. 주택시장처럼 집값을 잡기 위해 대출을 꽁꽁 묶는 경우도 없다. 큰 줄기가 되는 규정은 있지만 규정내에서는 은행 자체 판단에 따라 대출을 실시한다. 특히 법인의 경우 대출 총액이 매매금액의 90%까지 나온 적도 있다. 은행은 빌딩이 이자를 낼 수 있는 안정적이고 예측 가능한 수입을 가지고 있기 때문에 대출에 적극적이다.

빌딩 투자가 아직까지는 주식 투자나 아파트 투자처럼 대중화 되지는 않았다. 하지만 빌딩 투자는 그들만의 리그에서 벗어나 이 제 막 대중화를 시작하는 단계에 있다. 빌딩 투자자는 앞으로도 꾸준히 증가할 것이고, 투자 수단도 직접투자, 리츠, 펀드, 조각투 자 등 더욱 더 다양해 질 것이다. 성장곡선으로 본다면 도입단계 를 지나 가파르게 성장을 시작하는 초기 성장기를 지나고 있는 것 으로 보인다. 또 빌딩 투자는 사서 기다리는 것 밖에 할 수 없는 다른 투자에 비해 투자자의 의지에 따라 능동적으로 가치를 올릴 수 있는 유일한 투자수단이다. 여러분이 만약 더 빠르게 자산을 늘리려는 적극적인 투자자라면 반드시 빌딩 투자자가 되어야 한 다. 반드시 본격적인 성장을 시작하는 빌딩투자의 성장곡선에 올 라타야 한다.

6

아파트만큼
쉬운 빌딩 거래

지금부터 아파트 거래와 비교해서 빌딩 거래는 어떤 순서로 진행하고 어떤 차이점이 있는지 알아보겠다. 해 본적 없다고 두려워하지 마라. 빌딩 매매도 아파트 매매만큼이나 쉽다. 한 번만 경험해본다면 경험이 없어서 긴장했던 지금의 모습이 너무 창피할 수도 있다.

어랏, 부동산이 찾아오네!

아파트 거래를 원할 경우 가장 먼저 하는 일은 손품을 파는 일이다. 네이버 부동산에 들어가 보고 직방, 다방, 호갱노노, 부동산

지인, KB부동산 리브온, 국토부 실거래가 사이트 등 다양한 앱으로 손품을 판다. 그 결과로 시세도 어느 정도 파악이 되고 매물 상황도 알게된다. 어느 정도 손품을 팔고 나면 현장 부동산으로 출동한다. 그곳에서 해당 지역 대장 아파트와 로얄동에 대한 정확한 시세와 매물에 대한 이야기를 듣는다. 대부분의 고객은 부동산 중개업소 서너곳 정도 방문해 보는 것이 일반적이다. 부동산 중개업소가 익숙하지 않은 투자자는 중개업소에 들어가는 것 자체가 큰 시도로 여겨지는 경우도 있다.

빌딩 거래는 우리가 아는 지역 부동산 중개업소에서 이루어지기도 하지만 더 큰 비중을 차지하는 업체가 부동산 중개법인이다. 부동산 중개법인은 20명~30명의 소속 공인중개사가 일하는 곳도 있지만 소속 공인중개사가 100명 이상인 대형 부동산 중개법인도 많다. 신문광고나 인터넷 매물들은 대부분 이런 부동산 중개법인에서 올리는 광고들이다. 이 광고를 보고 전화해서 빌딩을 사고 싶다고 이야기해도 바로 살 수 있는 빌딩을 보내주지는 않는다. 보다 정확한 니즈needs 파악과 매수인의 진정성 확인을 위해 매수인 회사 사무실로 방문하는 경우가 더 많다. 빌딩 매수인들은 부동산 중개법인의 소속 공인중개사가 자신의 회사 사무실로 방문하는 것을 선호하지만 가끔은 부동산 중개법인의 실체를 확인하기 위해서 부동산 중개법인 사무실에서 미팅을 요청하는 경우도 있다.

[그림 1-3] 부동산 중개법인 전경

기획부동산 아닌가요?

부동산 중개법인에서 일하다 보면 가끔 "기획부동산은 아니죠?"라는 질문을 받는다. 지금은 웃어넘기지만 신입사원 시절에는 당황스러운 질문이었다. 기획부동산은 어떤 부동산을 말할까? 기획부동산은 가치가 없는 땅을 미래에는 가치가 높아질 것이라고 사람들을 속여서 파는 사기꾼들이다. 아마도 "이번에 싸고 좋은 땅이 나와서 알려드린다"는 전화를 받은 기억이 있을 것이다. 이런 전화를 하는 곳은 열이면 열, 모두 기획부동산이다. 기획부동산 사무실을 가보면 다닥다닥 붙은 조그만 책상에 전화기만 덜렁 놓여있다. 판매원들은 시끄러운 사무실에서 좁은 책상에 끼여 앉아 열심히 전화를 돌리고 회사에서 짜준 대본을 앵무새처럼 읽는다. 전화하는 판매원들은 현장을 가보지 않은 경우가 대부분이고, 부동산에 대해서도 전혀 모르는 사람들이 대부분이다. 단지 판매 수수료를 목적으로 전화를 한다.

기획부동산은 주로 산속 깊은 곳에 있는 땅이나 해안가 인근의 개발이 불가능한 저렴한 땅을 판매한다. 가치 없는 큰 땅을 헐값에 매입해서 개인이 투자하기 쉬운 단위의 금액으로 잘라서 판매하는 것이다. 지금은 저렴하지만 곧 주변이 개발될 것이고 개발 후에는 땅의 가치가 엄청나게 올라갈 것이라고 유혹한다. 단가로 따지면 높지만 매매 금액 자체는 작기에 많은 사람들이 속아넘어 간다. 다시 한번 말하지만 기획부동산에서 사라고 권하는 땅은 전혀 가치가 없는 땅이다. 반드시 현장을 방문해 보기 바란다. 부동산은 언제나 현장에 답이 있기 마련이다.

어떤 부동산 사무실을 선택해야 할까?

그럼 어떤 부동산 사무실을 선택해야 속지 않고, 경쟁력 있는 정보를 받아서 손쉽게 건물주가 될 수 있을까? 아파트 단지에서 흔히 볼 수 있는 부동산이 가장 익숙하다. 아파트 단지내 상가 1층에 위치하고 사무실에는 2~3명이 근무하는 경우가 많다. 이런 부동산은 가로수길, 홍대, 강남역 등 상권이 발달해 있는 지역에서도 자주 볼 수 있다. 이런 부동산 사무실은 위치한 지역 상권에 대해서는 상당한 정보력과 인맥을 갖추고 있다. 특히 해당 지역에서 1등하는 부동산은 건물주의 특징, 임차인과 관계, 성향 등 아주 개인적인 정보까지 알고 있는 경우도 있다.

하지만 해당 지역을 벗어나면 이들의 정보력은 일반인과 유사한 수준으로 떨어진다. 이런 약점을 보완하기 위해 다른 지역 부동산과 공동중개를 하기도 하지만 담당 부동산이 해당 지역 사정에 밝지 않으면 의뢰인에게 이익을 가져다 주는 매물을 제공하기는 힘들다. 그래서 이런 부동산은 항상 자기 지역이 가장 저렴하고, 장사도 잘되고, 발전 가능성도 가장 높다고 브리핑할 수밖에 없다.

이에 반해 빌딩 상층부에 사무실을 꾸미고 100여명의 소속공인중개사를 둔 중개법인은 어떨까? 중개법인은 넓은 지역을 중개대상으로 한다. 중개법인에서는 서울 전체를 거래 지역으로 삼는 경우가 대부분이다. 넓은 지역을 대상으로 할 수 있다는 것은 중개법인 사람들이 똑똑해서 일까? 아니다. 똑똑해서가 아니라 중개대상물을 전문화하기 때문에 더 넓은 지역을 중개대상 지역으로 삼을 수 있는 것이다. 가령 누군가는 꼬마빌딩을 자신의 주요 중개대상으로 삼고, 누군가는 분양상가, 또 누군가는 신축부지를 주요 중개대상으로 삼는다. 해당 상품에 대한 지식을 쌓을수록 전문가로 인정받으면서 지역적으로도 더 넓은 지역을 서비스할 수 있게 된다.

중개법인이 장점만 있는 것은 아니다. 중개법인은 워낙 많은 사람들이 있기에 '어떤 중개인을 만나느냐'에 따라 서비스의 질이 하늘과 땅 차이다. 중개법인 소속공인중개사 중에서 매수인이 원하는 매물을 전문적으로 중개하는 베테랑 전문가를 만나기만 한다면 최고의 효율을 발휘할 것이다.

첫만남 이후부터는 이메일 또는 카톡으로

한 번 얼굴을 보고 서로의 신원을 확인하고 난 다음부터는 이메일로 물건을 주고 받고 전화로 매물에 대한 의사를 교환한다. 물론 대면 미팅을 하면 서로의 진행 상황에 대해 더 많이 파악할 수 있지만 너무 자주 만나는 것도 서로에게 시간적 부담이 될 수 있다. 여러가지 매물을 이메일로 받고 네이버 지도 또는 카카오맵의 거리뷰, 로드뷰 기능을 이용해 빌딩의 외관과 주변 환경을 확인하는 경우가 많다. 마음에 아주 안 드는 매물은 거리뷰, 로드뷰 확인하고 거절해도 충분하지만 50% 이상의 관심이 가는 매물이라면 반드시 현장을 가 볼 것을 권한다. 절대 거리뷰, 로드뷰로는 알 수 없는 상황을 만나게 될 것이다. 정말 완전히 다른 느낌을 갖게 되는 빌딩도 상당히 많다. 절대 거리뷰, 로드뷰를 맹신하지 마라.

빌딩을 사려고 하는 경우 매물을 소개받는 초기에는 가급적 거절의 이유를 상세히 알려주는 것이 좋다. 원하는 조건을 자세히 알려주면 알려줄수록 적합한 매물을 추천 받을 가능성이 높아진다.

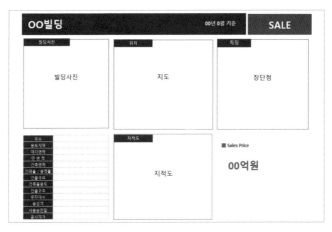

[그림 1-4] 빌딩매매 정보 제공 양식

현장답사

아파트는 집을 보기 위해서는 반드시 공인중개사의 도움이 필요하다. 공인중개사를 통해 사전에 방문 약속을 하고 양해를 구하고 방문한다. 또 아파트를 직접 방문한다는 것은 단순히 구조를 보기 위한 경우도 있지만 대부분 어느정도 구매의사를 가지고 현장 답사를 한다.

빌딩은 좀 다르다. 의사결정이 없는 상태에서 가는 경우가 흔하다. 빌딩마다 워낙 다른 특성을 가지고 있기 때문에 정보를 받으면 일단 현장에 가봐야 한다. 중개법인을 통해서 건물주에게 사전에 양해를 구하기도 하지만 그냥 가는 경우가 더 많다. 그냥 중개인과 함께 빌딩 외관을 보고 내부로 들어가서 최상층에서 걸어 내려오면서 각층을 보는 것이다. 물론 임차인이 있는 경우는 내부에 함부로 들어가지 못한다. 계단실이나 엘리베이터홀에서 임차인들이 어떻게 사용하는지 보는 것이다.

어느 정도 빌딩이 마음에 들고 추가적인 검토가 필요한 상황이라면 그 내용을 매도인에게 알리고 보다 상세한 현장답사를 빌딩 관계자의 안내를 받으면서 해야 한다. 옥상부터 지하까지 꼼꼼히 봐야 한다.

이때 주의해야 할 점은 '말조심 하자'는 것이다. 혼자서 현장답사를 하는 경우는 말할 상대가 없으니 괜찮지만 여러 명이 함께 현장답사를 하는 경우 답사를 하면서 좋다는 이야기보다는 나쁜 점, 눈에 거슬리는 점을 지적하는 경우가 많다. 하지만 옆에서 안내해 주는 건물주는 사정상 팔려고 내 놓았지만 오랫동안 애지중지 관리한 빌딩이다. 서로간 예의를 지켜야 한다. 가끔은 건물주가 참지 못하고 답사 중에 버럭 화를 내는 경우도 있다.

의사표현은 문서로

처음 빌딩을 사려는 매수인은 빌딩 매물을 최대한 많이 보는 것이 좋다. 여러 빌딩을 봐야 매수자 자신이 살 수 있는 빌딩의 수준이 어느 정도이고 자신이 원하는 지역이 어딘지 정확하게 알 수 있다. 그리고 빌딩 매물들의 가격에 대해서도 '비싸다', '싸다'를 판단할 기준이 생긴다. 사람마다 다를 수 있지만 6개월 이상의 시간을 투자하고, 100개 이상의 빌딩을 보는 경우가 많다. 그래서 부동산 중개인 중에는 처음 빌딩을 사려고 알아보는 고객을 꺼리는 경우도 있다.

이렇게 오랜 기간 동안 많은 빌딩을 보고 마침내 마음에 드는 빌딩을 만났다면 "사고 싶어요"라는 의사를 표현해야 한다. 아파트는 지역 부동산 중개업소 사장님에게 "얼마에 사고 싶은데, 협의해 주세요"라고 이야기하면 되지만 빌딩은 말로 의사 표현하는 것보다는 문서로 표현하는 것이 일반적이다. 나는 누구고, 나는 얼마에 사고 싶고, 나는 어떤 조건으로 사고 싶다고 표현하는 문서가 매수의향서LOI, letter of intent다. 매수의향서는 특별한 양식이 정해져 있지는 않다. 그리고 법적으로 구속력도 가지지 않는다. 즉 해당 빌딩에 매수의향서를 제출했다고 해서 반드시 해당 빌딩을 그 가격과 조건에 사야 하는 것은 아니라는 말이다.

매수의향서에서 가장 중요한 요소는 누구나 알고 있듯이 가격이다. 일반적인 중소형 빌딩의 경우 개인이 매입하거나 중소기업이 매입하는 경우가 대부분이다. 따라서 매수자가 어느 정도의 신용도를 가진 사람인지 구분할 수 있는 경우가 드물다. 결과적으로 가격이 가장 중요한 요소로 여겨진다. 하지만 빌딩의 규모가 커지면 커질수록 매수자가 누구인지에 대한 정보의 중요성이 높아진다. 이유는 거래의 종결 가능성 때문이다. 만약 OO전자, OO화학, OO이노베이션 등 대기업의 이름으로 발행된 매수의향서라면 계약 후 잔금까지 "혹시나 무슨 문제가 생기지는 않을까?"하는 걱정은 할 필요가 없어진다. 하지만 1,000억짜리 빌딩을 자본금 100만 원짜리 회사가 매입하겠다고 매수의향서를 제출하면 뭔가 좀 의심스럽지 않을까?

매 수 의 향 서

_____ 귀하

1. 귀사의 무궁한 발전을 기원합니다.
2. 다음과 같은 내용으로 매수를 희망합니다.

■ 빌 딩 명 :
■ 주　　소 :
■ 면　　적 :
■ 금　　액 :
■ 계약예정일 :
■ 조　　건 :
■ 기타 사항:

20　　년　월　일

[매수 희망인]

회 사 명 :
성　　명 :　　　　　**(인)**

[그림 1-5] 매수의향서 샘플

양해각서 (MOU, Memorandum of Understanding)

　양해각서는 본 계약 전 가격을 비롯한 매매와 관련된 주요 조건에 대해 합의한 후 매도인과 매수인 사이에 체결한다. 이 기간동안 물리적 실사, 법률 실사, 회계 실사, 시장 조사, 감정 평가 등을 실시하고 이 실사 리포트를 기준으로 매수자의 최종 의사결정이 이루어진다. 자산운용사가 매수인으로 진행되는 거래에서는 양해각서 체결은 뺄 수 없는 필수 단계다. 하지만 중소형 빌딩 거래에서 개인, 회사가 매수인으로 진행하는 거래에서는 이 단계는 거의 생략된다. 매도인 입장에서 보면 양해각서 체결이 매매계약을 확실히 보장해 주지 않는다. 그럼에도 불구하고 일정기간 매도와 관련된 행위를 일체 할 수 없다. 그래서 매도인들은 양해각서 체결을 선호하지 않는다. 하지만 회사 내부결재, 행정기관의 인허가 등을 이유로 양해각서 체결을 요구하는 매수인들이 늘어나고 있다.

Memorandum of Understanding

매도인 OOO과 매수인 OOO주식회사 대표이사 OOO은 다음과 같이 부동산 매매에 대한 양해각서를 체결하기로 한다.

- 다 음 -

대상부동산   서울특별시 OO구 OO동 OO번지의 토지 및 건축물

매매 조건   금액 : 총 OO억 원 (₩0,000,000,000) 건물분 부가세 별도
             매매계약 계약 예정일 : 20XX년 OO월 OO일 이내
             매매계약 잔금 예정일 : 20XX년 OO월 OO일 이내
             매수인은 임대차 계약을 승계하기로 한다.

우선협상 권한   매수인은 양해각서 체결일로부터 '00년 OO월 OO일까지 매수에 관한
             우선협상 권한을 가지며, 매도인과 매수인은 대상 부동산에 대한 신
             속하고 원활한 매매계약을 위해 상호간 적극 협력한다.

기간 및 효력   본 양해각서의 적용기간은 체결일로부터 '00년 OO월 OO일까지로 정
             하고, 기간 만료 시 본 양해각서는 효력을 상실한다. 단, '00년 OO월
             OO일 까지 매매에 대한 절차 이행이 미진할 경우 상호협의하여 양
             해각서를 해지할 수 있다.
             본 양해각서는 대상 부동산에 대한 매매계약을 위하여 상호 신의와
             성실의 원칙에 입각하여 협력할 것을 합의한 것이다.

비밀유지   매도자와 매수자는 본 양해각서에 관한 내용을 상대 당사자의 사전
             서면 동의 없이 제3자에게 누출하지 않기로 한다.

20XX. 00. 00

매도자   경기도 OO시 OO구 OO동 OOO
         매도인 O O O (인)

매수자   서울특별시 OO구 OO동 OOO OOO 주식회사
         대표이사 O O O (인)

[그림 1-6] 양해각서 샘플

이제는 본계약 단계다

로펌에서 작성한 대형 빌딩 매매 계약서를 보면 기절할 정도로 길다. 복잡한 경우 50페이지를 훌쩍 넘어간다. 매도인이 개인 또는 법인인 경우 특히 진술 및 보장이라는 조항이 강한 저항을 받는다. 이 진술 및 보장이라는 조항 때문에 거래가 깨지기도 한다. 처음 진술 및 보장이라는 조항을 접한 개인이나 법인 매도인은 무슨 죄를 지어서 파는 느낌이라는 사람도 있고 팔았는데 판 것 같지 않은 느낌이라는 사람도 있다. 그만큼 진술 및 보장 조항에 많은 매도인의 의무와 보장이 엮여 있다. 하지만 중소형 빌딩이라면 그렇게 걱정하지 않아도 된다. 아파트 계약서와 거의 유사하다. 이런저런 말을 늘려 쓰다 보면 다소 복잡해 보이기도 하지만 낯설거나 어려운 조항은 전혀 없다. 중소형 빌딩은 보통 10페이지 안팎의 계약서를 작성한다. 심지어 어떤 경우는 아파트 계약서와 동일한 계약서 양식을 사용하는 경우도 있다.

아파트 매매와 가장 크게 다른 부분은 건물분 부가가치세가 발생한다는 것이다. 아파트를 매매할 때는 매매금액을 토지분과 건물분으로 나눌 필요가 없고 부가가치세도 발생하지 않는다. 하지만 빌딩은 매매금액을 토지분과 건물분으로 나누어야 하고 매매금액 중 건물분에는 10%의 부가가치세가 발생한다. 이 부가가치세는 매수인이 매도인에게 지불하고 매도인은 받은 부가가치세를 세무서에 납부한다. 그리고 임대인인 매수인은 다시 세무서로부터

환급을 받는 구조다. 첫 거래를 하는 경우 부가가치세를 생각하지 못해서 아차~! 하는 경우도 있다.

매수인 입장에서는 환급을 받긴 하지만 추가적인 자금 부담 때문에 가능하다면 부가가치세를 없애거나 줄이고 싶어하는 것은 당연하다. 그래서 부가가치세 납부와 환급이라는 절차를 생략하는 방법으로 포괄양도양수계약이라는 것을 이용하기도 한다. 포괄양도양수계약은 사업장별로 그 사업에 관한 모든 권리와 의무를 포괄적으로 승계하는 것을 의미하며, 사업장의 인적, 물적 시설과 권리, 의무를 포괄적으로 양도하여 경영주체만 바뀔 뿐 사업의 동일성이 유지시키면서 매수인에게 인계되는 절차이다. 하지만 포괄양도양수계약을 적용할 수 있는지, 없는지는 자세히 살펴봐야 한다. 포괄양도양수계약이 아닌 것을 포괄양도양수계약으로 처리하면서 부가가치세 납부 및 환급 절차를 생략하면 세무당국은 연체금이 포함된 부가가치세를 징구한다

계약금, 중도금, 잔금

빌딩거래에서 매매금액이 가장 중요하지만 대금지급 스케줄도 상당히 중요하다. 일반적인 경우는 아파트와 마찬가지로 빌딩매매 계약일에 계약금 10%를 지급하고 나머지 90%는 잔금일에 지급한다. 매도인들은 급하게 자금이 필요한 경우가 아니면 중도금

을 지급받는 것을 원하지 않는 경우가 많다. 왜냐하면 중도금의 지급은 계약의 이행으로 간주되어 매수인이 잔금일에 잔금을 지급하지 않더라도 즉시 계약이 해제되지 않기 때문이다. 중도금이 지급되면 일반적으로 많이 알려진 조항인 매수인은 이미 지급된 계약금을 포기함으로써 계약을 해제할 수 있고, 매도인은 이미 지급된 계약금의 배액을 배상함으로써 계약을 해제할 수 있다는 조항이 작동하지 않는다. 이 조항은 계약의 이행으로 간주되는 중도금 지급 이전까지만 유효하다.

매도인과 매수인은 합의에 의해서 잔금일정을 정하지만 상당수는 계약일로부터 3개월 내외에서 잔금일을 결정한다. 하지만 연말이 다가오거나 사정이 급한 매수인들의 사정에 따라 급하게 잔금을 요청하기도 하고, 매수인의 요청으로 잔금이 늦어지기도 한다. 잔금기간은 매매가격 협상과 동시에 진행된다. 아파트나 오피스텔 등 개발사업을 위해 여러 필지의 토지를 매입하는 경우는 매수인의 요청에 의해서 잔금일정이 상당기간 뒤로 밀린다. 1년의 잔금기간을 요청하는 경우도 있고 어떤 경우는 특별한 기간의 정함이 없이 인허가 조건부로 계약이 이루어지기도 한다.

잔금 지급일이 매수인과 매도인의 자금 이슈가 아닌 재산세의 영향으로 잔금일이 변하는 경우도 의외로 많다. 아파트도 그렇지만 빌딩도 당연히 재산세에 대한 부담을 양당사자는 피하고 싶어 한다. 특히 빌딩의 재산세는 규모에 따라서 몇 천만 원에서 몇 억

까지 나오기도 한다. 그래서 양당사자는 재산세 납부 기준일인 6월 1일에 더 예민하게 반응한다.

세무당국에서는 6월 1일 소유권을 기준으로 재산세 납부 의무자를 결정한다. 하지만 대형빌딩의 경우 서로 합의에 의해 6월 1일에 상관없이 1년을 기준으로 보유기간에 따라 일할 계산하여 재산세를 부담하는 보다 합리적인 기준을 제시하는 경우도 있다. 예를 들어 재산세가 3,000만 원이고 매도인이 1년 중 1/3인 4월 30일까지 소유하고, 매수인이 1년 중 2/3인 5월 01일부터 소유하게 되었다고 가정하자. 법적으로는 납세의무자는 매수인이고, 매수인이 3,000만 원 전액을 내야 한다. 하지만 서로의 합의에 의한 일할 계산으로 매도인이 1,000만 원을 부담하고 매수인이 2,000만 원을 부담하는 거래가 늘어나고 있다. 이 방법을 선택하게 되면 쓸데없이 잔금일을 6월 1일 이후로 밀거나 6월 1일보다 앞으로 당기려는 눈치보기 싸움은 할 필요가 없다.

부가가치세 조기환급 제도를 이용하세요.

빌딩을 매입할 경우 아파트와 달리 빌딩 매입금액 중에서 건물분에 해당하는 금액의 10%만큼 부가가치세가 발생한다. 만약 20억짜리 빌딩을 매입했는데 토지에 해당하는 금액이 15억 원이고, 건물에 해당하는 금액이 5억 원이라고 가정하자. 이때는 5억 원의 10%인 5,000만 원의 부가가치세가 발생하고 매수인은 잔금일에 빌딩 잔금과 별도로 부가가치세 5,000만 원을 매도인에게 지급하고 매도인으로부터 세금계산서를 받는다.

일반적으로 부가가치세는 [도표 1-7]과 같이 6개월을 과세기간으로 하여 신고하며, 환급 받을 세액이 있는 경우 신고기한 종료일로부터 30일 이내에 환급금을 지급받게 된다. 빌딩 매입으로 환급 받을 세액이 큰 매수인 입장에서는 부가가치세를 환급 받는데 최장 8개월이 걸린다는 것은 자금운영에 어려움을 초래할 수 있다. 그래서 세무당국은 사업체의 부담을 들어주기 위해 부가가치세 조기환급 제도를 운영하고 있다.

발생기간	신고기한	환급시기
01월~06월	07월 25일	신고기한 종료일로부터 30일 이내
07월~12월	01월 25일	

[도표 1-7] 일반적인 부가세 환급 일정

부가가치세 조기환급 제도는 모든 사업체를 대상으로 하지는 않는다. 일정 요건을 충족하는 사업체에 한해서 조기환급을 실시한다. 조기환급 대상은 다음 3가지 경우 중 하나에 해당하는 경우다.

① 사업자가 영세율을 적용 받는 경우
② 사업자가 설비(건물 등 감가상각자산을 말한다)를 신설, 취득, 확장 또는 증축하는 경우
③ 사업자가 대통령령으로 정하는 재무구조개선 계획을 이행중인 경우

빌딩 매입의 경우 사업자가 사업설비를 신설, 취득, 확장 또는 증축하는 경우에 해당하여 조기환급 대상 사업체가 된다. 단, 간이과세자 아닌 일반과세를 적용 받는 개인 또는 법인이 대상이다.

부가가치세 조기환급 신청은 매분기 또는 매월 신청할 수 있다. 매월 신청한다면 매입 부가가치세가 발생한 날이 속한 달의 다음달 25일까지가 조기환급 신고기한이고 환급시기는 신고기한 종료일로부터 15일 이내다. 예를 들어 4월 1일에 매입 부가가치세가 발생했다면 5월 25일까지가 조기환급 신고기한이고 6월 10일 이내가 환급시기다.

실패할 수 없는 타이밍 찾기

언제 사고 팔아야 하는지 고민하는 투자자를 위한 챕터다.
일반적인 부동산 시장의 특징과
우리나라 빌딩시장의 탄력성을 확인하면서
왜 빌딩투자 시장에 머물러야 하는지 설명한다.

1

왜 내가 사면 내리고,
내가 팔면 오르나?

부동산 가격에 영향을 미치는 요소는 무엇이 있을까? 수요와 공급, 개인 소득, 경제상황, 통화량, 세금, 대출 금리, 대출의 편리성, 대출 가능 총액, 심리, 개발호재 등 다양한 요소가 존재한다. 어떤 때는 공급이 없어서 가격이 올라가는 것처럼 보이고 어떤 때는 대출을 받을 수 없게 함으로써 수요를 떨어뜨려 가격이 변하는 것처럼 보이기도 한다. 이런 각각의 요소들이 변할 때 그 변화로 인한 영향이 어디까지 미치는지를 기준으로 구분해 보면

①전국적으로 영향을 미치는 요소
②지역적으로 영향을 미치는 요소
③해당 빌딩에만 영향을 미치는 요소

로 구분할 수 있다.

전국적으로 영향을 미치는 요소의 대표적인 것은 세금과 대출이다. 세금은 부동산 상승기에 수요를 억제하기 위해서 사용하고, 부동산 하락기에는 약한 수요를 강하게 만들기 위해서 사용하는 대표적인 정책수단이다. 부동산 가격이 상승하는 시기에 어김없이 나오는 정책이 취득세 중과, 양도세 중과다. 부동산 투자를 통해 번 돈의 대부분을 세금으로 내야한다면 투자 의욕이 사라질 것이라고 기대하는 것 같다. "절대 부동산 사지마!"라고 압박하는 정부의 강압적인 목소리가 들리는 듯하다.

2013년 무렵의 부동산 정책은 정반대인 양도소득세 면제였다. 2013년에는 특정 기간 동안에 신규 주택, 미분양 주택뿐 아니라 기존 주택을 사더라도 5년간 양도소득세가 전액 면제되는 정책을 펼쳤다. 아파트 거래를 활성화해 하우스 푸어house poor, 대출을 받아 집을 장만했으나 주택가격 하락으로 손해를 본 사람을 지칭하는 단어를 돕고, 건설업을 구하기 위한 정책으로 "제발 아파트 사줘~"라는 애원으로 들린다.

이외에도 대출 총액에 대한 규제와 완화도 부동산 정책의 단골손님이다. 시장상황에 따라 담보인증비율LTV, Loan To Value ratio, 총부채상환비율DTI, Debt To Income ratio, 총부채원리금상환비율DSR, Debt Service Ratio, 임대업이자상환비율RTI, Rent To Interest ratio 등의 적용, 면제 또는 비율 강화·약화 등을 결정한다.

전국적은 아니지만 지역적으로 부동산 시장에 영향을 미치는 대표적인 요소는 개발호재다. 개발호재 중에서 부동산 가격에 가장 큰 영향을 미치는 요소는 지하철일 것이다. 지하철이 없던 지역에 새로운 노선이 들어온다는 계획만 발표되어도 부동산 가격은 올라가기 시작한다. 지하철의 파급력은 상상이 불가할 정도로 대단하다. 지하철 개발호재가 주거지역에서 아파트가격을 올린다는 것은 너무나 당연한 상식이다.

　　하지만 상권에서 지하철이 어떤 영향을 미칠지는 보다 더 면밀한 분석이 필요하다. 일례로 빨대효과라고 해서 규모가 큰 상권과 규모가 작은 상권이 지하철로 연결되면 큰 상권이 작은 상권을 이용하던 사람들을 빨아들여서 큰 상권은 더 커지고 작은 상권은 존립에 위협을 받는다는 것이다.

　　지하철이 업무용 빌딩에 미치는 영향은 아주 긍정적이다. 업무용 빌딩 사례는 지하철 9호선의 개통을 통해서 알아볼 수 있다. 강남구에 위치한 봉은사로는 비록 테헤란로 인근에 위치한 대로지만 지하철이 없을 때는 5층짜리 건물이 대부분이었다. 교통이 불편하여 임차인들이 많이 없으니 빌딩을 높이 올릴 이유가 없었다. 용적률이 남아 있었지만 추가적인 공사에 따른 비용을 수익으로 벌어들일 자신이 없어서 그냥 5층짜리 빌딩으로 유지하고 있었다. 이런 봉은사로에 지하철 9호선이 들어 온다고 발표되면서 본격적인 개발이 시작되었다. 9호선은 2015년에 개통 되었지만 주변으로는 지금도 여러 곳에서 빌딩 신축이 진행되고 있다. 봉은사로 빌딩은 이제는 5층이 아니라 10층 이상의 높은 신축 빌딩이 대세가 되었다.

상권에서는 해당 지역에 숲이 생기면 상권이 활성화되는 경우가 생겨나고 있다. 서울의 대표적인 숲 상권은 서울숲 상권과 경의선 숲길 상권이다. 폐철도를 숲으로 만든 경의선 숲길은 연트럴파크라고 불리면서 연남동 상권을 발전시켰다. 공원이나 숲은 도시의 지친 사람들에게 편안함과 휴식을 주는 시설로 그 자체만으로도 사람들을 불러 모은다. 연트럴파크로 불리는 경의선 숲길은 홍대에서 저렴한 임대료를 찾아 넘어온 동진시장 주변 예술가들과 시너지를 내면서 대형 상권으로 성장하고 있다. 또 서울숲 북쪽에 위치한 아틀리에길 상권의 형성은 서울숲 방문자들을 위한 시설로 시작되었지만 이제는 아틀리에길 자체를 즐기기 위해 모이는 사람들로 북적인다.

마지막으로 해당 빌딩에만 영향을 미치는 요소는 무엇일까? 위치라고 대답하는 사람들이 많을 것 같지만 물리적인 위치는 불변이기에 가격의 변동에 영향을 미친다고 말하기 어렵다. 경제적 위치는 빌딩 하나만 변한다고 되는 것은 아니다. 경제적 위치의 변동은 지역 호재와 비슷한 요소로 지역에 영향을 미치는 요소에 가깝다. 해당 빌딩에만 영향을 미치는 요소는 빌딩의 관리상태, 내외관의 노후도 그리고 임차인이 가장 큰 영향을 미친다. 그래서 화장실도 고치고, 엘리베이터도 정비하고, 내외관 수리도 한다.

하지만 의외로 임차인의 중요성에 대해서 간과하는 경우가 많다. 주거용 부동산의 경우는 누가 살고 있다는 것이 부동산 가격에 크게 영향을 미치지 못한다. 바로 옆 집에 유명한 연예인이 산다고 해서 그 집의 가격이 일반인이 사는 집의 가격보다 비싸기는 힘들다. 하지만 빌딩에서는 이게 가능하다. 대기업이 10년 계약한 빌딩의 가격은 '홍길동'이라는 일반인이 10년 계약한 빌딩의 가격보다 더 비싸다. 왜? 10년 동안 발생할 임대료와 관리비에 대해 연체없이 낼 가능성이 높고, 임대차 계약이 10년 동안 유지될 가능성도 높다. 한마디로 안정성을 확보할 수 있기 때문이다.

살펴 본 바와 같이 부동산 가격은 전국적으로 영향을 주는 요인, 지역에 영향을 주는 요인, 해당 빌딩에만 영향을 주는 요인으로 나눌 수 있고, 이 요소들이 시장에 미치는 힘의 크기에 따라서 빌딩 가격은 오르거나 내리거나 한다.

[그림 2-1] 서울특별시 서대문구 창천동 매매사례의 경우 해당 지역에만 영향을 미치는 요인의 영향으로 하락했을 가능성이 크다. 20년에서 22년 상반기까지는 대세 상승기였음에도 불구하고 매매가격이 하락했다는 것은 그만큼 지역 하락요인의 영향이 컸다는 의미다. 23년 빌딩가격이 하락했다고 하더라도 20~22년 이미 올라간 최고가 대비 20~30% 수준의 하락이었다.

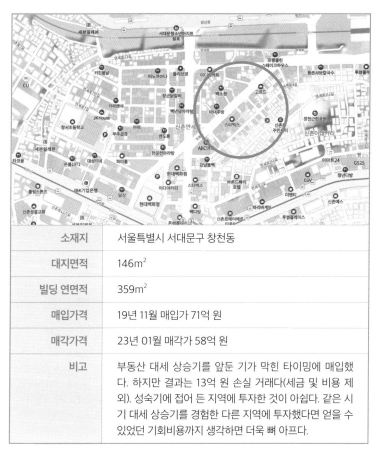

소재지	서울특별시 서대문구 창천동
대지면적	146m^2
빌딩 연면적	359m^2
매입가격	19년 11월 매입가 71억 원
매각가격	23년 01월 매각가 58억 원
비고	부동산 대세 상승기를 앞둔 기가 막힌 타이밍에 매입했다. 하지만 결과는 13억 원 손실 거래다(세금 및 비용 제외). 성숙기에 접어 든 지역에 투자한 것이 아쉽다. 같은 시기 대세 상승기를 경험한 다른 지역에 투자했다면 얻을 수 있었던 기회비용까지 생각하면 더욱 뼈 아프다.

[그림 2-1] 서울특별시 서대문구 창천동 거래 사례 (출처 : 네이버지도)

　[그림2-2] 경기도 시흥시의 20년 02월 매매사례는 개인적인 사정으로 그 시점에 팔 수밖에 없었을 수도 있지만 공교롭게도 매도 후 가격이 급상승한 안타까운 경우다. 전국적인 영향을 미치는 금리와 지역에 영향을 미치는 개발호재가 상승작용을 한 것으로 보인다.

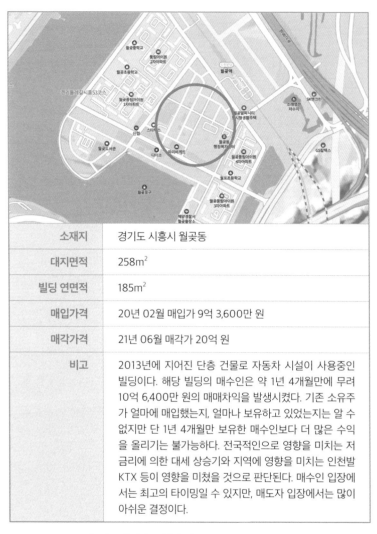

소재지	경기도 시흥시 월곶동
대지면적	258m^2
빌딩 연면적	185m^2
매입가격	20년 02월 매입가 9억 3,600만 원
매각가격	21년 06월 매각가 20억 원
비고	2013년에 지어진 단층 건물로 자동차 시설이 사용중인 빌딩이다. 해당 빌딩의 매수인은 약 1년 4개월만에 무려 10억 6,400만 원의 매매차익을 발생시켰다. 기존 소유주가 얼마에 매입했는지, 얼마나 보유하고 있었는지는 알 수 없지만 단 1년 4개월만 보유한 매수인보다 더 많은 수익을 올리기는 불가능하다. 전국적인으로 영향을 미치는 저금리에 의한 대세 상승기와 지역에 영향을 미치는 인천발 KTX 등이 영향을 미쳤을 것으로 판단된다. 매수인 입장에서는 최고의 타이밍일 수 있지만, 매도자 입장에서는 많이 아쉬운 결정이다.

[그림 2-2] 경기도 시흥시 매매 사례 (출처 : 네이버지도)

2

부동산에서는 항상
'지금' 사라고 하는데 정말로
'지금' 사도 될까?

매수인들은 빌딩을 사러 와서 "지금 사도 될까요?"라는 질문을 자주 한다. "지금 가격이 너무 많이 오르지 않았나?" 혹은 "지금 사면 가격이 떨어지지 않을까?"라는 불안감에서 나오는 질문이다. 과연 언제 사야 할까?

[도표 2-1]은 덴버 대학교 글렌 뮬러GLENN MUELLER 교수가 미국 시장을 조사하여 작성한 그래프다. 가로축은 시간의 경과를 나타내고 세로축은 임대율을 나타낸다. 그래프를 가로로 가로지르는 수평선은 장기 평균 임대율을 나타낸다.

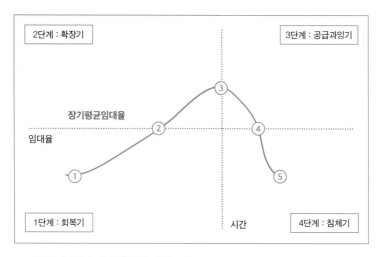

[도표 2-1] 부동산 경기순환 곡선 (출처 : Professor Glenn Mueller University of Denver)

임대율은 경기상황, 공급상황, 지역 선호도의 오르고 내림 등 여러가지 요인에 따라 장기 평균 임대율을 기준으로 상승과 하락을 반복한다. 임대율의 상승과 하락은 임대료의 상승과 하락의 원인이 된다. 임대율이 저점에서 장기 평균 임대율을 향해 올라가거나 장기 평균 임대율을 돌파하고 올라가는 상황에서는 임대료가 상승한다. 반면 임대율이 정점을 찍고 공실이 늘어나는 시기에는 임대료가 하락한다.

[도표 2-1]의 장기 평균 임대율 대신 [도표 2-2]와 같이 장기 평균 매매 가격 상승률을 넣어보자. 매매 가격 상승률이 아래에서 장기 평균 매매가격 상승률을 향해 올라갈 때는 비교적 서서히 올라가는 경향이지만 장기 평균 매매가격 상승률을 돌파하면 시장이 과열되기 시작한다. 부동산 버블로 진입하는 단계인 🅐지점을

지나면 매매 가격은 가파른 기울기로 급등하는 경향을 가진다.

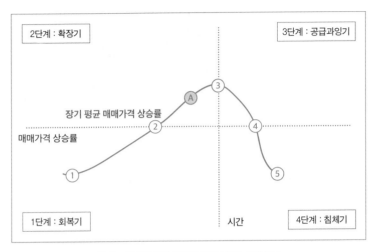

[도표2-2] 매매 가격 관점의 부동산 경기 순환 곡선

부동산에 가면 항상 지금 사라고 이야기 한다. 정말로 지금 사도 될까를 판단하기 위해서는 [도표 2-2]에서 지금 우리가 어디에서 어디로 향하고 있는지 판단해야 한다. 지금 시장이 ❶번에서 ❷번을 향하거나 ❷번에서 ❹지점을 향한다면 매입 적기로 판단할 수 있다. 하지만 ❹지점을 지나면 매입에 대한 경고등이 켜진 것이고 ❸번 지점을 지나면 매입을 멈춰야 한다. 하지만 많은 초보 투자자들은 ❸번 지점이 지난 후에도 매입을 추진한다. 장기 평균 매매 가격 상승률과 현재 매매 가격 상승률의 변화 추이를 비교, 분석하면서 과연 지금이 살 때인지, 팔아야 할 때인지를 판단해야 한다.

3

우리는 지금
어디를 지나고 있나?

회복기(봄) : 매매가격 하락 멈춤 + 서서히 희망으로

회복기는 임대율이 최저점까지 떨어진 시점에 시작된다. 공실이 증가하다가 이제는 공실이 늘어나는 것을 멈추고 추세적으로 공실이 줄어드는 상황으로 전환되면 회복기에 접어들었다고 판단할 수 있다.

침체기에서 회복기로 전환되는 시점에 임대료는 최저점에서 보합세를 유지하거나 상승을 한다고 하더라도 거의 미미한 수준에 불과하다. 회복기 초기에는 잘못된 판단으로 오히려 임대료가 하락하는 경우도 발생하지만 회복기 후기로 갈수록 임대율과 임대료는 본격적으로 상승한다. 매매 가격도 비슷하다. 떨어지던 매매 가격은 최저점에서 보합세를 유지하거나 미미하게 상승하기 시작한다. 최근에는 쏠림 현상이 강해지면서 급상승과 급하락을 반복하는 경향이 나타나기도 한다.

　회복기에 건물주들은 영원히 떨어질 것만 같던 절망과 공포에서 벗어나 새로운 희망을 가진다. 길고 긴 터널에서 드디어 벗어났다는 안도감이 시장에 퍼진다. 매수인의 관심은 침체기에 부동산 매매 시장을 완전히 떠난다. 무관심으로 전환된 이후 오직 임대차에만 관심을 가진다. 회복기 초기에도 침체기와 비슷한 심리 상태를 유지하지만, 회복기가 진행되면서 서서히 투자자들의 시선이 따뜻해 지기 시작한다.

　이 단계에서 신축 프로젝트는 눈에 띄지 않는다. 부동산 개발 사업은 금융권과 밀접한 관계를 가진다. 아직 금융권에서는 부동산 개발 프로젝트를 걱정스러운 눈으로 바라본다. 금융권에서는 돈을 빌려주는 전제조건으로 신용도가 높은 매수인이 준공 후 빌딩을 인수하겠다는 선매입 계약을 하거나, 준공 후 신용도가 높은 임차인이 상당한 공간을 사용할 것이라는 임대차 계약을 체결해 올 것을 요구한다. 대부분의 신축 프로젝트는 금융권의 까다로운 대출 전제조건을 넘지 못한다.

확장기(상승기, 여름) : 강한 매매가격 상승 + 낙관적 전망

이 시기는 임대료가 강하게 상승한다. 빌딩 매매 시장은 매도인이 시장의 주도권을 잡는 매도자 우위시장으로 전환된다. 임대료의 상승은 매매가의 상승을 유발한다. 임대료 인상율이 점점 높아지는 상황이기에 시장에서는 낙관적인 분위기가 팽배하다. 매도인의 숫자는 줄고 매수인의 숫자는 늘어난다. 매수인들은 빌딩을 사기위해 여러 명의 잠재 매수인들과 경쟁해야 하는 상황에 직면한다. 매수인은 매도인의 변덕스러운 매매가격 인상을 받아들이면서 추격 매수에 나설 수밖에 없다.

이 시기 신축 프로젝트는 대폭 늘어난다. 임대료와 매매가격의 상승은 신축 프로젝트의 사업성을 긍정적으로 변화시킨다. 이 시기에는 신축 프로젝트 성공으로 큰 돈을 벌었다는 신화적인 이야기가 시장에 퍼진다. 금융권에서도 신축 프로젝트 성공에 대한 낙관적인 전망이 늘어난다. 회복기에 내걸었던 까다로운 대출 조건을 완화하고, 대출 신청을 거절하기 보다는 수용하는 분위기로 변한다. 한층 완화된 대출조건으로 개발업자들은 사업성이 좋은 A급지뿐 아니라 사업성이 떨어지는 B급지, C급지에서도 신축 프로젝트를 진행할 수 있게 된다. 신축 인허가 건수가 대폭적으로 증가한다. 확장기 후기로 갈수록 부동산 개발사업은 무조건 돈 번다는 분위기가 팽배해지고 여기저기서 경험 없는 개발업자들이 겁도 없이 시장에 진입한다.

공급과잉기(후퇴기, 가을) :
매매가격 상승률 둔화 + 불안, 걱정 증가

이미 공급과잉기에 들어섰음에도 불구하고 시장 참여자들은 이 사실을 모른다. 확장기의 낙관적 분위기도 지속된다. 임대료 및 매매 가격은 상승률이 떨어지기는 하지만 여전히 장기 평균 이상으로 상승하고 있다. 눈치 빠른 보수적인 투자자들은 이미 투자를 멈추고 서서히 자금을 빼야 하는 시기라는 것을 알아차린다. 하지만 초보 투자자일수록 이 시기에 새로운 투자에 나서는 경우가 많다. 시장은 이미 분위가 반전했는데 초보 투자자는 여전히 확장기 분위기에 취해 상투를 잡게 되는 것이다.

이 시기에 확장기 때 시작한 상당수 프로젝트들이 완성된다. 하지만 빌딩 매매 시장에서는 여전히 높은 가격에 팔려 나가고 임대에도 특별히 문제가 생기지 않는다. 하지만 신축빌딩의 경우 임차인들이 모두 입주하는 빌딩 안정화 단계까지 소요되는 시간이 점점 길어진다. 공급과잉기 후반으로 갈수록 데이터는 부정적으로 변한다. 하지만 대부분의 시장 참여자들은 이 데이터를 무시하고 확장기의 낙관적인 분위기를 유지하고 싶어한다.

이 시기에 외부 충격이 온다면 시장은 급변한다. 2022~2023년 대출금리 인상 시기처럼 시장은 한순간에 싸늘하게 식어버리는 경우도 있다. 공급과잉기 후기로 갈수록 신축 프로젝트는 줄어들고 금융권에서는 다시 까다로운 대출 조건 제시한다. 이 시기 새로운 신축 프로젝트는 축소되지만 착공에 들어간 프로젝트는 어쩔 수 없이 준공까지 갈 수밖에 없다. 부동산 개발 프로젝트는 몇 년이 소요되는 프로젝트라서 이런 경기 변동의 위험에 자주 노출된다.

침체기(겨울) : 매매가격 하락 + 극도의 불안감

침체기에 진입하면 경기는 빠르게 가라앉는다. 더 이상 신규 신축 프로젝트는 없다. 개발업자 스스로 판단하는 경우도 있지만 금융권에서 더 이상 대출을 해 주지 않는다. 하지만 공급이 완전히 멈추지는 않는다. 이미 착공에 들어간 프로젝트는 경기와 무관하게 준공까지 진행해야 한다. 2023년에 공급되는 물류센터가 바로 이런 상황이다. 물류센터 경기는 이미 침체기에 접어들었으나 2023년 물류센터 공급물량은 가장 많다.

이 시기가 되면 건물주는 혼돈에 빠지고 임차인과 매수인 우위 시장으로 전환된다. 건물주는 공간을 공실로 두는 것보다는 저렴하게라도 임차하는 것이 이익이므로 경쟁적으로 임차인 유치에 나선다. 또 자금이 급한 매도인은 매수인의 요구조건을 어쩔 수 없이 수용하게 된다. 하지만 거래량은 상승기에 비해 대폭 축소된다. 매수인도 언제 경기가 회복기로 접어들지 알 수 없으므로 빌딩 매입에 극도의 경계심을 갖는다.

　강남의 경우 2013년~2015년경이 침체기였던 것으로 기억난
다. 이 시기에 판교에 수많은 신축 빌딩이 준공되었다. 이 빌딩으
로 이전할 임차인과 건물주는 대부분 강남권 오피스 빌딩을 사용
하고 있던 IT와 게임 업계였다. 또한 가산동 지식산업센터도 이
시기 준공이 많았다. 이 또한 강남권 오피스 빌딩 임차인을 타깃
으로 하고 있었다. 지금으로서는 믿어지지 않겠지만 당시 테헤란
로는 IT, 벤처의 거리가 아닌 보험의 거리라고 불렸고, 렌트프리
Rent Free, 임대차 계약기간 중 임대료를 내지 않고 사용하는 기간는 1년에 4개월을 제
공하는 경우도 있었다.

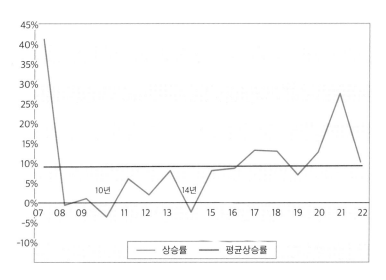

[도표 2-3] 서울 빌딩 매매 가격 상승률

[도표 2-3]은 서울 빌딩 매매 가격을 년도 별 평균하여 상승률을 추정한 그래프다. 미래를 예상하기 위해서 가장 먼저 알아야 하는 것은 장기 평균이다. 서울 빌딩 매매가격의 장기 평균 상승률은 9.2%다. [도표 2-3]에 따르면 서울 빌딩 매매 시장은 2008년부터 공급과잉기후퇴기와 침체기를 거치면서 2015년 회복기로 접어든 것으로 보인다. 2021~2022년 확장기성장기의 정점에 도달한 후 대출금리 인상이라는 충격에 급격히 하강하는 모습이다. 서울 빌딩 매매 시장은 2023년부터 공급과잉기후퇴기와 침체기가 펼쳐지고 있는 것으로 판단된다.

4

상승기에 나타나는
거래의 형태들

상승기에는 매도인 우위 시장이 나타난다. 이것을 셀러스마켓 seller's market이라고도 부른다. 매도인 우위 시장은 빌딩을 사려는 매수인은 시장에 많은데 빌딩을 팔려는 매도인이 충분하지 않은 시기다. 빌딩 매물 하나에 잠재 매수인이 여러 명이 경쟁하는 상황이다. 빌딩 매매시장은 특별한 이슈가 없는 일반적인 상황에서는 매도인 우위 시장이다. 빌딩 매매시장에서 현재 빌딩을 가진 건물주의 힘이 빌딩을 사려는 매수인의 힘보다 강한 경우가 거의 대부분이라는 말이다.

이 시기에 매수인은 추격매수상승 시 추가적인 상승을 기대하고 매수하는 것에 나설 수밖에 없다. 직전에 형성된 매매가격은 다음 거래의 최저 가격이 되어 가격 상승의 출발점 역할을 한다. 상승기의 매도인은 매매가격을 계속 올린다. 또 매수인이 보기에는 말도 안 되게 비싼 가격에 매물이 나오기도 한다. [도표 2-4]에서 보여주는 최고가 행진 거래는 몇 개월을 사이에 두고 강남권 최고가를 갱신하는 추격매수의 전형을 보여주는 거래들이다.

[그림 2-3]은 [도표 2-4] 거래 사례의 위치를 표시한 것으로 18년~22년 강남권 대형빌딩 최고가 행진은 테헤란로를 중심으로 경쟁적으로 일어났음을 보여준다.

구분	빌딩명	매매 시기	연면적 기준 평단가
1	삼성물산 서초	2018년 08월	약 3,049만 원
2	현대화재해상 강남	2020년 07월	약 3,406만 원
3	동궁타워	2021년 03월	약 3,639만 원
4	AP타워	2021년 06월	약 3,996만 원
5	안제타워	2021년 10월	약 4,298만 원
6	A+에셋타워	2022년 06월	약 4,751만 원

[도표 2-4] 강남권 대형빌딩 최고가 행진

[그림 2-3] 강남권 대형빌딩 최고가 행진 위치도

　상승기에는 단기 거래가 증가한다. 부동산 매매시 필수적으로 확인하는 등기사항전부증명서에는 부동산 매매가격이 표시된다. 일반적인 매매시장에서는 보유기간이 짧은데도 불구하고 매입금액 대비 높은 매각금액을 제시하면 잠재 매수인들은 거의 대부분이 거절한다. 심리적으로 거래 상대방이 단기에 너무 큰 이익을 얻는 것을 수용하지 못하는 경우다. 하지만 극단적인 상승기에는 이것 마저 무시된다. 부동산 가격은 영원히 상승할 것 같고, 지금 사지 못하면 오히려 큰 손해를 입을 것 같은 불안감에 휩싸인다.

　[그림 2-4]는 빌딩을 매입한 후 아무런 개선작업을 하지 않았음에도 불구하고 단 1년만에 63%의 수익률을 달성한 단기 급등 거래사례다.

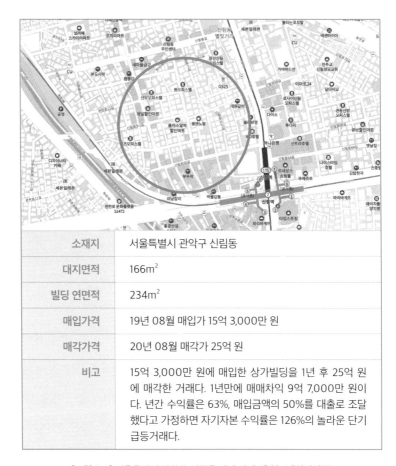

소재지	서울특별시 관악구 신림동
대지면적	166m²
빌딩 연면적	234m²
매입가격	19년 08월 매입가 15억 3,000만 원
매각가격	20년 08월 매각가 25억 원
비고	15억 3,000만 원에 매입한 상가빌딩을 1년 후 25억 원에 매각한 거래다. 1년만에 매매차익 9억 7,000만 원이다. 년간 수익률은 63%, 매입금액의 50%를 대출로 조달했다고 가정하면 자기자본 수익률은 126%의 놀라운 단기 급등거래다.

[그림 2-4] 서울특별시 관악구 신림동 매매 사례 (출처 : 네이버지도)

[그림 2-5]의 인천광역시 미추홀구 사례는 상승기에 나타나는 분양 완판 사례의 혜택을 입은 거래사례다. 단독개발은 아니고 지역 전체에 신축 프로젝트가 진행되면서 3년만에 대박이 났다.

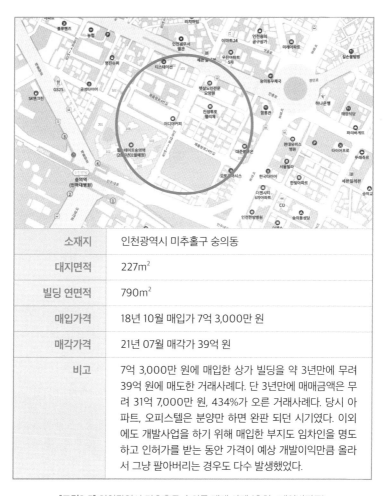

소재지	인천광역시 미추홀구 숭의동
대지면적	227m^2
빌딩 연면적	790m^2
매입가격	18년 10월 매입가 7억 3,000만 원
매각가격	21년 07월 매각가 39억 원
비고	7억 3,000만 원에 매입한 상가 빌딩을 약 3년만에 무려 39억 원에 매도한 거래사례다. 단 3년만에 매매금액은 무려 31억 7,000만 원, 434%가 오른 거래사례다. 당시 아파트, 오피스텔은 분양만 하면 완판 되던 시기였다. 이외에도 개발사업을 하기 위해 매입한 부지도 임차인을 명도하고 인허가를 받는 동안 가격이 예상 개발이익만큼 올라서 그냥 팔아버리는 경우도 다수 발생했었다.

[그림2-5] 인천광역시 미추홀구 숭의동 매매 사례 (출처 : 네이버지도)

5

하락기에 나타나는
거래의 형태들

주식과 부동산을 비교할 때 주식의 장점으로 거래의 편리성을 말한다. 이것은 주식의 장점이기도 하지만 부동산의 단점이기도 하다. 빌딩의 경우 매매시장에 매물을 내놓아도 실제로 계약이 이루어지고 계약금이 입금되기까지 상당히 많은 시간이 소요된다. 상승기에는 그래도 거래가 빨리 일어나는 편이다. 하지만 하락기, 침체기에는 거래에 소요되는 시간을 예측하기 힘들다. 주식은 가격이 하락하더라도 팔려고 마음만 먹으면 클릭 한 번에 바로 팔 수 있다. 하지만 부동산은 하락기, 침체기가 시작되면 매수인들이 싹 사라져 버린다. 상승기에 그렇게 많던 매수자들이 모두 사라져 버린다. 이 시기를 매수인 우위 시장, 바이어스마켓buyer's market이라고 부른다.

이 시기에는 빌딩을 가진 매도인보다 빌딩을 사려는 매수인의 힘이 더 강해지는 시기다. 한 명의 매수인이 여러 개의 매물을 비교해 보면서 최적의 매물을 고르는 형태로 거래가 일어난다. 이 시장에서는 급매 위주로 거래된다. 하지만 빌딩 매매시장에서 매수인 우위 시장이 유지되는 기간은 매우 짧다. 대부분이 매도인 우위 시장이다. 매수인은 하락기, 침체기에 겁먹지 말고 어쩌다 찾아온 기회를 잘 살려야 한다.

하락기 또는 침체기에 최고가 대비 20~30% 이상 하락하는 거래는 급매 거래로 분류된다. 이것은 실질적으로 손실을 봤다기보다는 최고가 시점에 팔았더라면 더 큰 이익을 얻었겠지만 시점을 잘 못 잡아서 이익이 줄었다는 의미다. 빌딩을 사서 실질적인 손실이 발생하면서 파는 경우는 극단적인 상승기 이후 급락하는 시기에 가끔 나타난다.

[그림 2-6]은 빌딩투자에서 가장 인기있는 강남에서 발생한 손실 거래사례다. 1차 매수인은 2년만에 신축을 통해 큰 수익을 남겼지만 2차 매수인은 금리인상으로 맞은 하락기에 손실을 보면서 거래했다.

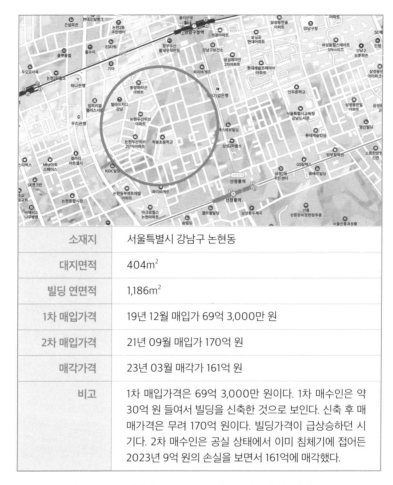

소재지	서울특별시 강남구 논현동
대지면적	404m²
빌딩 연면적	1,186m²
1차 매입가격	19년 12월 매입가 69억 3,000만 원
2차 매입가격	21년 09월 매입가 170억 원
매각가격	23년 03월 매각가 161억 원
비고	1차 매입가격은 69억 3,000만 원이다. 1차 매수인은 약 30억 원 들여서 빌딩을 신축한 것으로 보인다. 신축 후 매매가격은 무려 170억 원이다. 빌딩가격이 급상승하던 시기다. 2차 매수인은 공실 상태에서 이미 침체기에 접어든 2023년 9억 원의 손실을 보면서 161억에 매각했다.

[그림 2-6] 서울특별시 강남구 논현동 손실 거래 사례 (출처 : 네이버 지도)

[그림 2-7] 사례도 서울 최대 상권중 하나인 홍대상권에서 일어난 손실 거래사례. 1차 매수인은 단 9개월만에 19억, 35%의 차익을 발생시키면서 매도했다. 1차 매수인 입장에서는 완벽한 매도 타이밍이었지만 2차 매수인 입장에서는 좋지 못한 타이밍에 매수했다.

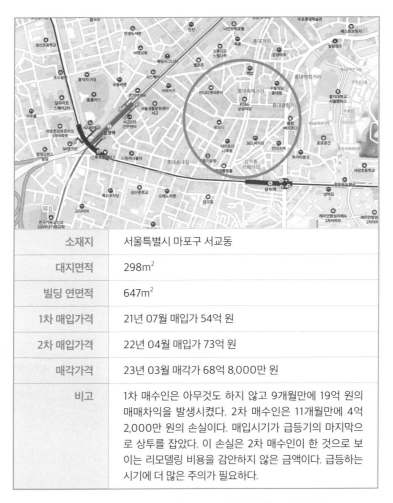

소재지	서울특별시 마포구 서교동
대지면적	298m²
빌딩 연면적	647m²
1차 매입가격	21년 07월 매입가 54억 원
2차 매입가격	22년 04월 매입가 73억 원
매각가격	23년 03월 매각가 68억 8,000만 원
비고	1차 매수인은 아무것도 하지 않고 9개월만에 19억 원의 매매차익을 발생시켰다. 2차 매수인은 11개월만에 4억 2,000만 원의 손실이다. 매입시기가 급등기의 마지막으로 상투를 잡았다. 이 손실은 2차 매수인이 한 것으로 보이는 리모델링 비용을 감안하지 않은 금액이다. 급등하는 시기에 더 많은 주의가 필요하다.

[그림 2-7] 서울특별시 마포구 서교동 손실 거래 사례 (출처 : 네이버 지도)

6

빌딩 투자
타이밍 잡는 비법

모든 지역이 서울과 동일한 가격 추이를 보이는 것은 아니다. 서울 내에서도 전체를 한꺼번에 보는 것과 지역별로 나눠서 보는 것은 다른 형태가 나올 수 있다. 각 지역별로 각기 다른 부동산 경기 순환 곡선을 가지고 다른 가격 추세를 가진다. 투자하기 전 반드시 해당 지역이 빌딩 경기 순환 곡선상에서 어디에 있고 어디로 향하는지 확인해야 한다. 그리고 해당 지역의 빌딩 가격 추이도 확인해야 한다.

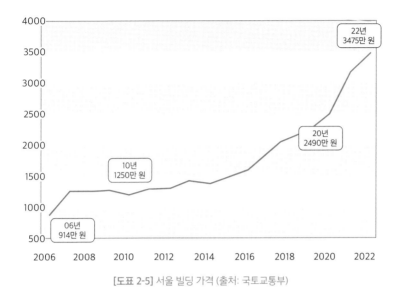

[도표 2-5] 서울 빌딩 가격 (출처: 국토교통부)

국토교통부에서 제공하는 실거래가 데이터를 기준으로 본다면 2006년부터 2022년까지 17년 동안 서울 빌딩 가격은 2010년과 2014년 딱 두 번 하락했다. 전국적인 영향을 미치는 요소에 의해서 하락한 경우는 2010년 한 해다. 그것도 4% 하락에 불과하다. 더 중요하게 봐야 하는 것은 하락시기를 벗어나 전고점을 뚫고 올라가는 시기가 단 1년 후라는 것이다. 단 1년만에 전년도 가격을 회복한 것이다. 그리고는 쭉 상승한다. 실로 대단한 회복력이다. 아파트는 달랐다. 아파트는 2008년 금융위기 당시 무려 6년간 전고점 아래에서 거래가 이루어졌다. 가격하락 폭도 10%가 훨씬 넘어간다. 통계자료는 실제 개별 빌딩 또는 아파트 하락 가격보다 완화되어 나타나는 경향이 있다. 그리고 2014년 3% 하락을 경험한다. 이 시기는 판교에 수많은 빌딩이 준공되는 시기와 일치한다. 강남을 비롯한 서울 전역에서 빌딩을 사용하고 있던 회사들이 일제히 판교로 이전하면서 서울 특히 강남에서는 대규모 공실이 쏟아졌다. 하지만 이 시기 또한 단 1년만에 회복하고 상승기로 접어들었다.

$$V = I / R \ (V = 가치, I = 순영업소득, R = 할인율)$$

2010년, 2014년, 2022~2023년 빌딩 가격 하락의 원인을 조금 더 자세히 알아보자. 먼저 2009년, 2022~2023년의 경우다. 미국의 기준금리는 2003년 1%까지 떨어지지만 이후 저금리 정책을 끝내고 2007년까지 미국은 기준금리를 5.25%로 상승시킨다. 속도에서는 차이가 나지만 2022~2023년과 비슷한 상황이다. 결국 $R_{요구 수익률, 할인율}$이 상승하면서 부동산 가치가 계속 위협받고 있었다. 그러던 와중에 2008년 고금리 정책을 견디지 못하고 약한 고리가 터졌다. 그것이 미국의 서브프라임모기지 사태다. 전세계 부동산 금융은 올스톱되었다. 그리고 전세계 부동산 가격은 급락했다. 하지만 빌딩 가격이 단 1년만에 침체기를 지나 회복기에 접어든다.

2022~2023년 위기도 비슷한 패턴일 것이다. 금리인하의 시그널이 나오면 시장은 $R_{요구수익률, 할인율}$은 금리 인하를 선반영하여 먼저 움직일 것이고 이것은 빌딩 가격을 밀어 올릴 것이다.

2014년 하락의 원인은 공급량의 폭발적 증가다. 단순히 대형빌딩 한 두 채가 공급되는 수준이 아니다. 노태우 대통령 시절의 주택 200만호 건설과 맞먹는 효과다. 입주시기도 2013~2015년에 집중되어 있었다. 성남시 분당구 삼평동 일대 454,964m² 면적에 거대한 IT, BT 신도시가 탄생한 것이다. 빌딩 투자의 가장 큰 리스크는 공실이다. 공실의 증가는 임대료 하락과 함께 I수입의 감소를 야기한다. 하지만 그 엄청난 공급도 단 1년만 어려움을 줬을 뿐이다. 이후에도 수많은 대형빌딩이 도시환경정비사업을 통해 도심에 공급되었고, 여의도에는 재건축이라는 이름으로 공급되었다. 하지만 판교처럼 일시에 일어나는 대규모 공급이 아니면 시장에 큰 영향을 미치지 못한다. 다만 시장 임대료와 매매가격의 상승 속도를 조금 늦출 뿐이다. 빌딩 매매 시장의 하방경직성은 무척 강하다.

우리나라 사람들은 아파트를 한 번 사면 10년 정도 보유한다. 빌딩의 경우는 이와 비슷하거나 오히려 더 긴 경향을 보일 것이다. 단기간의 침체를 과도하게 걱정할 필요는 없다. 단지 변환기에 투자하지 않도록 주의 하기만 하면 된다. 영끌투자만 아니면 빌딩의 특성상 단기하락을 견디기 어렵지 않다. 전혀 두려워해야 할 대상이 아니다. 단기 침체를 피하기 위해 노력하기보다는 상승기에 빌딩을 보유하고 있느냐, 없느냐가 더 중요한 포인트임을 명심하자. 하락기라면 더 저렴한 가격에 매입할 수 있는 기회이며 좀처럼 오지 않는 기회임을 명심하자.

빌딩 투자에 성공하기 위해서는 두려움을 이겨내고 투자하는 능력이 중요하다. 많은 사람들은 하락기가 되면 너무 겁이 나서 시장에서 발을 빼려고만 하지 투자할 용기를 내지 못한다. 사람들은 끝없는 하락으로 시장이 붕괴되면, 투자한 전재산을 날릴까 두려워한다. 빌딩에 투자하자마자 가격이 폭락할 것을 두려워한다. 하락기에는 부정적인 뉴스만 들린다. 영원히 떨어질 것 같은 두려움에 시장에 참여하기를 꺼린다. 투자에 성공하지 못하는 가장 큰 위험은 시장에 참여하지 않는 것이다.

하락기에는 엘리트로 보이는 전문가들이 TV, 유튜브에 나와서 시장에 관해 떠들어댄다. 아주 자극적이고 극단적이 예측이 난무한다. 그들은 늘 시장의 위기에 대해서 말한다. 전문가들은 예언자의 모습을 하고 있다. 그리고 수많은 위기가 다가올 것이라고 예언한다. 그들의 말에 의하면 지구는 곧 멸망할 것 같다. 유가 폭등과 폭락, 재정절벽, 개인부채, 무역수지 적자, 경제성장률 저하, 환율, 중국의 위기... 하지만 그들도 사실은 전혀 이해하지 못하고 떠들어대는 것이다. 그들의 예언은 늘 틀린다. 그들은 작은 사건을 부풀리고 부정적으로 위협한다. 이것들은 아무것도 아니다. 단지 자신이 유명해지기 위해 이용하는 수단에 불과하다.

하지만 이런 헛소리가 우리에게 영향을 준다는 것이 문제다. 우리가 그런 헛소리에 집중하면 흥분한 감정들이 이성적이고 냉정한 판단을 막아버린다. 쓰레기 같은 소음에 정신 팔려 투자에 대한 두려움을 갖게 되고 아무것도 못하고 얼어버린다.

시장이 붕괴할 것이라고 경고하는 이들은 매년 비슷한 전망을 한다. 10년간 예측을 한다면 9년을 틀리다가 단 한 번 맞히는 것이다. 이때 그들은 자신의 위대함을 미친듯이 홍보한다. 그들은 사람을 모으고, 방송을 팔고, 책을 팔고, 시청 시간을 팔아서 돈을 버는 영업사원일 뿐이다. 그들의 속임수를 알아차려야 한다. 미국의 유명한 어느 교수는 부정적인 예언가로 유명하다. 세계 경제가 흔들릴 때마다 수많은 인터뷰를 한다. 그는 2008년 경제 위기를 예언했다고 유명해졌다. 하지만 그는 금융위기 이전에도 수많은 경기침체 예언을 했었고, 이후에도 매년 부정적인 전망을 했다. 하지만 모두 틀렸다.

시간이 지나면 하락장은 상승장으로 변한다. 잿빛 비관주의는 핑크빛 낙관주의로 변한다. 빌딩 투자의 성공을 방해하는 가장 큰 위험은 시장 밖에 서 있는 것이다. 시장의 출렁임을 두려워하지 말자. 그것은 기회다. 하락기야 말로 돈을 벌 수 있는 최고의 기회다. 하지만 구경꾼은 돈을 벌 수 없다. 경기에 참여해야 한다. 봄이 오면 여름이 오고 가을이 오면 겨울이 온다. 겨울을 두려워하지 말자. 겨울은 봄이 온다는 신호다. 2023년 11월 현재 빌딩 매매 시장은 겨울을 지나고 있다. 하락기에 시장에 들어서라. 곧 상승장이 시작된다. 어떤 해는 겨울이 짧을 수 있고 또 어떤 해는 유난히 길고 혹독한 겨울을 지날 수도 있다. 하지만 믿어라 반드시 봄은 온다.

부동산에서는 수요와 공급의 법칙이 다르게 작동한다.

수요와 공급의 법칙은 경제학과 출신이 아니더라도 대한민국 성인이라면 대부분이 알고 있는 법칙이다. [그림 2-8] 수요와 공급의 법칙을 간단히 살펴보면 수요는 가격이 올라가면 줄고, 가격이 내려가면 늘어난다. 공급은 수요와 반대로 움직인다. 공급은 가격이 올라가면 늘고, 가격이 내려가면 준다. 이 수요와 공급이 만나는 균형점에서 가격과 거래량이 형성된다는 이론이다.

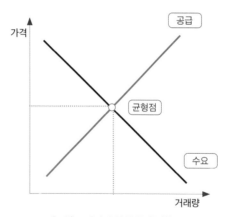

[그림 2-8] 수요와 공급의 법칙

이제 빌딩 매매시장으로 돌아와서 수요와 공급을 적용해 보자. 가격이 올라가면 빌딩 매도물량은 늘어나고 매수인은 줄어야 한다. 즉 가격이 올라가는 상승기에는 매도물량이 늘고 매수인은 줄어야 되는데 시장에서는 전혀 다른 움직임이 나타난다. 가격이 올라가면 매도인들은 매물을 거둬들이고 가격이 더 올라갈 때까지 기다린다. 반대로 빌딩을 사고자 하는 매수인들은 더 많이 늘어난다. 그래서 매도인이 귀한 셀러스마켓(seller's market)인 매도인 우위시장이 형성된다. 일반적인 수요와 공급의 법칙과 정반대다. 가격이 떨어질 때도 마찬가지다. 일반적인 수요와 공급의 법칙에 의하면 가격이 떨어지면 공급은 줄고 수요는 늘어난다. 하지만 빌딩 매매시장에서는 그렇지 않다. 가격이 떨어지면 팔고자 하는 급매물은 늘어나고 매수인들은 싹 사라진다. 그래서 매수인이 귀한 바이어스마켓(buyer's market)인 매수인 우위시장이 형성된다.

빌딩 매매시장에서 수요와 공급에 의해서 가격이 결정되는 것은 맞지만 작동원리는 다르다. 완전히 꺼꾸로 움직인다. 이유는 무엇일까? 공산품은 가격이 고정되어 있다. 하지만 빌딩 매매가격은 지속적으로 상승과 하락을 반복하기 때문이다. 그리고 일반적인 공산품을 공급하는 공급자는 대규모 생산시설을 보유한 회사지만 빌딩의 공급자는 대규모 생산시설을 보유한 회사가 아니라 개인이기 때문이다. 공산품은 1만 원짜리 상품을 8,000원으로 할인하면 더 많이 팔린다. 하지만 빌딩 매매시장에서는 기간을 감안하지 않고 시점을 고정해서 가격을 바라보면 틀리는 경우가 많다. 단순히 매매가격이 10억 원인 빌딩과 12억 원인 빌딩을 비교해서 더 싼 빌딩을 사는 게임이 아니다.

구분	한달 전 가격	이번 달 가격	사람들이 예상하는 미래 가격
A빌딩	12억 원	10억 원	10억 원 이하
B빌딩	10억 원	12억 원	12억 원 이상

[도표 2-6] 빌딩 매매 가격 변화

[도표 2-6]과 같이 A빌딩은 한달 전 가격이 12억 원이었다가 이번 달에 가격이 10억 원으로 하락한 빌딩이고 B빌딩은 지난 달 가격이 10억 원에서 이번 달 12억 원으로 상승한 빌딩이다. 여기에 사람들이 예상하는 미래 가격이 A빌딩은 10억 원 이하일 것이고, B빌딩은 12억 원 이상일 것이다. 따라서 사람들은 더 올라갈 B빌딩이 지금 싼 빌딩이고 더 떨어질 A빌딩은 지금 비싼 빌딩이라고 느끼는 것이다. 빌딩 가격은 올라가면 계속 올라갈 것 같고, 떨어지면 더 떨어질 것 같다. 그래서 가격이 올라갈 때 매수인이 늘어나고 가격이 떨어질 때 매수인은 오히려 줄어드는 것이다.

빌딩은 공산품처럼 가격이 올랐다고 해서 단기에 생산량을 늘려서 공급할 수 있는 상품이 아니다. 공산품을 생산하는 회사는 시장 상황에 빠르게 대응하면서 공급량을 조절할 수 있지만 빌딩은 불가능하다. 또 빌딩 시장에는 대규모 공급자가 없다. 대부분의 공급자는 개인이다. 대규모로 부동산을 보유하고 있는 개인이 아니라 대부분의 공급자는 기껏해야 빌딩 1채~2채를 가진 공급자다. 이런 영세한 공급자는 거래비용이 큰 빌딩의 가격이 올라간다고 해서 쉽게 빌딩을 매물로 내놓지 않는다. 팔려고 마음을 먹었다고 하더라도 언제나 최고가를 받기 위해 최고가라고 생각되는 금액까지 기다린다. 빌딩 가격이 올라가면 매도인은 가격이 더 많이 올라갈 것이라 예상하고 시장에서 발을 뺀다. 그래서 빌딩 매매시장에서 가격이 급상승하면 매물은 오히려 줄어든다.

부동산 투자는 지역 선택이 8할이다.

다른 지역보다 더 빠르게 올라가는 지역의 특징과
찾는 법에 대해서 알아보고, 지역이 성장함에 따라
빌딩을 사야 할 시점과 팔아야 할 시점에 대해 알아본다.

1

지난 10년간 가격이
가장 많이 오른 곳은?

퀴즈다. 잘 생각하고 대답해 보기 바란다. 지난 10년간 서울에서 땅값이 가장 많이 오른 지역은 어디라고 생각하는가? 강남일까? 많은 사람들이 이 질문에 대한 답을 강남이라고 생각하겠지만 이 질문안에는 정답이 강남이 아니라는 사실을 내포하고 있다. 도대체 어디가 1등일까? 그럼 두 번째 질문이다. 지난 10년간 땅값이 가장 많이 오른 지역 2위는 어디일까? 1위가 강남이 아니라면 2위가 강남일까? 강연에서 이 질문을 던지면 참여자의 머리속에는 강남만 맴도는 것 같다. 순위를 물어볼 때마다 강남을 외친다. 그럼 마지막 질문이다. 강남은 행정구역인 서울 25개 구 중에서 도대체 상승률 몇 위일까?

그럼 이제부터 알아보자. [도표 3-1]은 국토교통부에서 제공하는 2022년 상업용/업무용 부동산 매매 실거래가 자료다. 서울에는 25개 구가 있지만 상위 15개 구만 표시했다. 먼저, 서울에서 가장 비싼 지역은 어디일까? 강남구가 압도적인 1위다. 2위 중구에 비해 3.3m² 당 4,123만 원이나 비싸다. 비율로는 무려 27%를 앞선다.

순위	구	대지 3.3m²당 가격 (만 원)
1위	강남구	19,523
2위	중구	15,400
3위	영등포구	13,587
4위	성동구	12,951
5위	종로구	12,816
6위	서대문구	10,301
7위	용산구	9,807
8위	마포구	8,952
9위	송파구	8,204
10위	금천구	7,609
11위	서초구	6,794
12위	광진구	6,720
13위	강동구	6,227
14위	관악구	6,102
15위	강서구	6,098

[도표 3-1] 2022년 서울 빌딩 거래 단가 (출처: 국토교통부)

두 번째로 서울에서 거래가 가장 많이 일어나는 곳은 어디일까? 거래가 가장 많이 일어나는 곳도 중요하다. 빌딩은 상대적으로 현금화하기 어려운 투자상품이다. 그래서 거래량이 많은 지역에 투자해야 투자금 회수도 그만큼 편안해진다. [도표 3-2]는 2022년에 서울에서 거래된 상업용/업무용 부동산 매매 건수의 구별 합계다. [도표 3-2]에서 보이듯이 강남구가 1위이긴 하지만 2위인 중구와 거의 차이가 없다. 거래 단가와 거래량에서 강남구와 중구가 나란히 1위와 2위를 차지하고 있다.

순위	구	거래건수	비중
1위	강남구	309	12.09%
2위	중구	292	11.43%
3위	종로구	211	8.26%
4위	마포구	158	6.18%
5위	서초구	157	6.14%
6위	용산구	147	5.75%
7위	성동구	128	5.01%
8위	성북구	111	4.34%
9위	영등포구	110	4.31%
10위	동대문구	106	4.15%
11위	강서구	95	3.72%
12위	송파구	94	3.68%
13위	서대문구	75	2.94%
14위	은평구	73	2.86%

| 15위 | 관악구 | 65 | 2.54% |

[도표 3-2] 2022년 서울 빌딩 거래량 (출처: 국토교통부)

그렇다면 거래금액은 어떨까? 2021년에는 서울시 전체 빌딩 거래금액은 35조를 넘었다. 2022년에는 대출금리 상승여파로 대폭 줄어들었지만 거래금액은 24조 원을 상회한다. [도표3-3]은 2022년 서울시 상업용/업무용 부동산 거래금액의 구별 합계표다. 서울 빌딩 거래금액에서 어찌 보면 강남구가 1등하는 것은 당연하다. 거래금액도 가장 높고 거래량도 가장 많기 때문이다. 거래금액 비중이 25%를 넘어간다. 압도적인 1위다. 거래금액 2위인 서초구가 11.5%다. 강남구의·절반에도 미치지 못한다. 강남구와 서초구를 합치면 무려 37%를 상회한다. 강남구, 서초구, 중구가 거의 절반을 차지한다. 4위부터는 거래비중이 확 줄어든다.

순위	구	거래금액 (만 원)	비중
1위	강남구	687,933,464	25.75%
2위	서초구	307,978,597	11.53%
3위	중구	276,239,522	10.34%
4위	영등포구	185,713,791	6.95%
5위	종로구	161,542,082	6.05%
6위	성동구	148,557,902	5.56%
7위	금천구	119,915,988	4.49%
8위	강서구	102,825,380	3.85%

9위	송파구	100,497,850	3.76%
10위	용산구	99,033,130	3.71%
11위	마포구	92,496,838	3.46%
12위	동대문구	51,369,672	1.92%
13위	서대문구	45,200,694	1.69%
14위	광진구	43,293,091	1.62%
15위	관악구	39,117,005	1.46%

[도표 3-3] 2022년 서울 빌딩 거래금액 (출처: 국토교통부)

[도표 3-1, 3-2, 3-3]을 통해서 강남구가 빌딩매매 시장에서 가지는 위상을 잘 확인했다. 강남구는 빌딩 매매시장에서 다른 구에 비해 탁월한 지분을 가지고 있다.

그럼 이제부터 지난 10년간 서울에서 빌딩 가격이 가장 많이 오른 곳은 어딘지 알아보자. 그리고 우리가 그렇게 믿고 있는 강남이 이 분야에 있어서도 여전히 1위일까? 아니면 다른 곳일까? 만약 강남이 아니라면 강남은 도대체 몇 위일까?

[도표3-4]는 국토교통부에서 제공하는 2012년, 2022년 실거래 자료로 2012년 대비 2022년 상업용/업무용 부동산의 가격 상승률을 구한 표다.

순위	구	12년 3.3m²당단가 (만 원)	22년 3.3m²당단가 (만 원)	상승률
1위	성동구	2,503	12,951	417%
2위	금천구	2,607	7,609	192%
3위	마포구	3,136	8,952	185%
4위	서대문구	3,759	10,301	174%
5위	광진구	2,486	6,720	170%
6위	강서구	2,396	6,098	155%
7위	영등포구	5,500	13,587	147%
8위	동대문구	2,383	5,622	136%
9위	강동구	2,792	6,227	123%
10위	중랑구	1,958	4,300	120%
11위	동작구	2,694	5,909	119%
12위	은평구	2,077	4,451	114%
13위	관악구	2,866	6,102	113%
14위	강남구	9,305	19,523	110%
15위	강북구	2,098	4,160	98%

[도표 3-4] 지난 10년간 상승률 (출처: 국토교통부)

지난 10년간 빌딩 가격 상승률 1위는 강남구가 아니라 성수동이 속한 성동구다. 여러분들의 예상과 일치하는가? 강연할 때 강남구를 예상했다가 성동구라고 말하면 그래도 납득은 하는 분위기다. 하지만 2위가 금천구라고 알려주면 어안이 벙벙한 눈치다. 빌딩에 투자하는 투자자들이 금천구를 주목한 적은 단 한 번도 없었다. 그저 옛날 공장이 지식산업센터로 바뀌는 것만 알고 있었지 빌딩 가격이 그렇게 많이 올랐다는 것을 눈치챈 사람은 아무도 없었다.

더 놀라운 것은 강남구가 겨우 14위라는 사실이다. 서울의 25개 구 중에서 상위 50%에도 들지 못했다. 강연장에서는 그렇게 좋아하는 강남구가 상승률에서 겨우 14위라는 사실에 꽤 큰 충격을 받는 분위기다. 독자들 중에도 강남구가 14위라고 예측한 사람은 아무도 없을 것이다. 대부분의 투자자는 상승기에 강남 부동산 가격이 가장 많이 올라가고 하락기에도 가장 안정적이라고 믿는다.

투자자들은 강남구에 대한 불패의 믿음을 가지고 강남구 투자에만 열을 올린다. 하지만 같은 기간을 투자했음에도 불구하고 강남구에 투자한 사례가 성동구에 투자한 사례보다 결코 우수하지 못하다. 아니, 조금 우수하지 못한 것이 아니라 엄청난 차이로 열등하다. 무려 약 2.5배만큼 성동구에 투자한 투자 결과가 더 우수한 것으로 나타난다.

그렇다고 모든 부동산 투자자가 강남에 투자를 하지 말아야 한다는 것은 아니다. 강남구의 경우 가격이 가장 비싸고 거래도 가장 많다. 가격이 비싼 대형빌딩에 투자해도 언제나 매물을 받아줄 다음 투자자가 기다리고 있다. 가장 안전한 투자처 중 한 곳이라는 것에는 변함이 없다. 100억 원, 500억 원, 1,000억 원이 있

는 부자라면 강남에 투자하면 된다. 그리고 천천히 자산을 불리면
된다.

하지만 직장인, 자영업자와 같은 투자자는 더 빠르게 부자 되는
방법을 찾아야 한다. 안정적인 자산에 투자하기보다는 더 빠르게
오르는 자산에 투자해야 한다. 강남이 아니라 강남보다 더 빠르게
오르는 지역을 찾아서 투자해야 한다는 말이다.

[도표 3-5]는 10년간 강남구와 성동구 빌딩에 각각 투자했다는
가정하에 그 차이를 보여주는 표다.

구분	성동구 투자	강남구 투자
매입 시기	2013년 01월 01일	
매각 시기	2022년 12월 31일	
총투자금액	20억 원	20억 원
자기자본	8억 원	8억 원
매각금액	103억 4,000만 원	42억 원
매매차익	83억 4,000만 원, **8억 원이 10년만에** **91억 4,000만 원이 됨**	22억 원, **8억 원이 10년만에 30억 원이 됨**

[도표 3-5] 10년간 성동구와 강남구 투자 비교표

2

가격이 비싼 지역이 아니라
변동성이 큰 지역을 주목하라

이 책은 돈이 많은 투자자를 위한 책이 아니다. 돈 많은 투자자는 당장 책을 덮고 그냥 원하는 곳에 가서 사라. 은행 PB나 증권회사 PB들에게 물어보고 그들이 좋다고 하는 지역에 투자하면 된다. 그리고 장기간 팔지 않고 기다리면 된다. 하지만 빠르게 자산을 불려야 하는 직장인과 같은 투자자들은 이미 부자인 사람들이 투자하는 방법으로 투자해서는 안 된다. 기존 방법으로는 원하는 시간에 원하는 만큼 돈을 못 번다. 돈이 부족한 투자자들은 빠른 시간 안에 돈을 늘리는 것이 무엇보다 중요하다. 누구는 강남파이낸스타워가 싫어서 안 사겠나? 서울파이낸스타워가 싫어서 안 사겠나? 그냥 돈이 없을 뿐이다. 투자 자금의 규모가 큰 회사들은 코어 core 투자자처럼 리스크를 최소한으로 줄이면서 안정적인 수익

을 노리는 투자를 하면 된다. 하지만 큰 투자금을 모으기 전까지
는 안정성이 아니라 빠르게 돈을 늘리는 성장성에 중심을 두어야
한다.

김가격 투자자 : 안녕하세요? 사장님. 요즘 좋은 물건 좀 있습니까?

중개인 : 오랜만이십니다. 저~ 성수동에 좋은 매물이 있습니다.

김가격 투자자 : 성수동이요? 성수동이 좋습니까?

중개인 : 예, 요즘 성수동이 난리 났습니다. 지식산업센터도 들어가
고, 젊은이들이 좋아하는 음식점도 들어가고, 팝업스토어도 들어
가고 아무튼 요즘 부동산 핫 이슈는 성수동입니다.

김가격 투자자 : 성수동은 땅값이 얼마나 합니까?

중개인 : 성수동은 평당 1억 원 정도 합니다.

김가격 투자자 : 와~~~ 엄청 비싸네요. 강남도 평당 1억 5,000만 원
이면 살 수 있는데 성수동이 평당 1억 원이나 한단 말입니까?

중개인 : 예, 많이 올랐습니다. 하지만 성수동은 아직 올라갈 여력이
많습니다. 충분히 좋아지고 있습니다.

김가격 투자자 : 지저분한 공장이 있는 동네가 무슨 1억 원이란 말입
니까. 말도 안 되는 소리하지 말고 차라리 강남에 급매물 좀 추천
해 주세요.

중개인 : …

김가격 투자자 : 강남에 급매물 나오면 꼭 연락주세요.

중개인 : …

4~5년전에 강남에 있는 부동산 중개법인에서 자주 일어났던 대화다. 투자금이 많이 없는 투자자도 자산의 성장 속도보다는 자산의 현재 가격에만 관심을 갖는다. 단순히 지금 남들보다 조금 싸게 사는 것에만 초점을 맞춘다. 물론 싸게 사는 것은 좋은 출발점이 된다. 하지만 관점을 바꿔야 한다. 어디가 더 빠르게 성장할 것인가를 판단해야 한다.

이런 현상은 서울에서만 일어나는 것은 아니다. 부산에서는 해리단길과 전리단길이 새로운 상권으로 부상했고, 수원에서는 행리단길이 떠올랐다. 이외에도 각 지역마다 경리단길의 후손들이 빠르게 성장하고 있다.

[그림 3-1]은 [도표 3-1]에서(109쪽 참고) 알게 된 성동구의 성장을 보여주는 거래사례이고 [그림 3-2]는 [도표 3-4]에서 알게 된 금천구의 성장을 알수있게 해주는 거래사례다. 성장하는 지역은 당연히 서울에만 국한되지 않는다. 전국적으로 상권의 성장과 성숙은 반복된다. [그림 3-3]은 부산의 전리단길 투자사례로 부산의 다른 지역보다 더 빠른 성장을 보여준다.

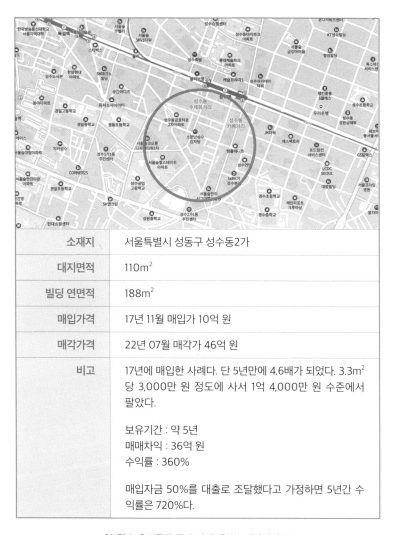

소재지	서울특별시 성동구 성수동2가
대지면적	110m^2
빌딩 연면적	188m^2
매입가격	17년 11월 매입가 10억 원
매각가격	22년 07월 매각가 46억 원
비고	17년에 매입한 사례. 단 5년만에 4.6배가 되었다. 3.3m^{2}당 3,000만 원 정도에 사서 1억 4,000만 원 수준에서 팔았다. 보유기간 : 약 5년 매매차익 : 36억 원 수익률 : 360% 매입자금 50%를 대출로 조달했다고 가정하면 5년간 수익률은 720%다.

[그림 3-1] 성동구 투자 사례 (출처 : 네이버지도)

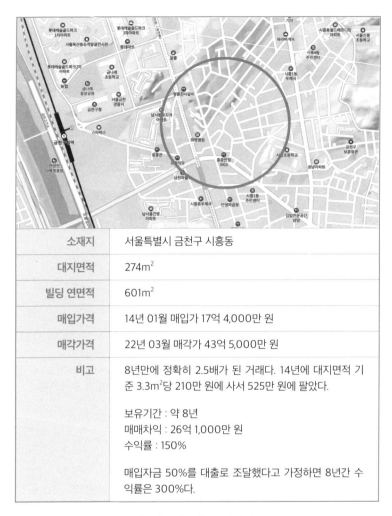

소재지	서울특별시 금천구 시흥동
대지면적	274m^2
빌딩 연면적	601m^2
매입가격	14년 01월 매입가 17억 4,000만 원
매각가격	22년 03월 매각가 43억 5,000만 원
비고	8년만에 정확히 2.5배가 된 거래다. 14년에 대지면적 기준 3.3m^{2}당 210만 원에 사서 525만 원에 팔았다. 보유기간 : 약 8년 매매차익 : 26억 1,000만 원 수익률 : 150% 매입자금 50%를 대출로 조달했다고 가정하면 8년간 수익률은 300%다.

[그림 3-2] 금천구 투자 사례

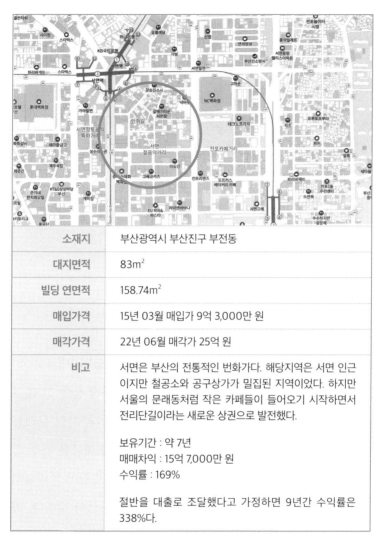

소재지	부산광역시 부산진구 부전동
대지면적	83m²
빌딩 연면적	158.74m²
매입가격	15년 03월 매입가 9억 3,000만 원
매각가격	22년 06월 매각가 25억 원
비고	서면은 부산의 전통적인 번화가다. 해당지역은 서면 인근 이지만 철공소와 공구상가가 밀집된 지역이었다. 하지만 서울의 문래동처럼 작은 카페들이 들어오기 시작하면서 전리단길이라는 새로운 상권으로 발전했다. 보유기간 : 약 7년 매매차익 : 15억 7,000만 원 수익률 : 169% 절반을 대출로 조달했다고 가정하면 9년간 수익률은 338%다.

[그림 3-3] 전리단길 투자 사례

3

가만히 있어도 저절로
가격이 올라가는 성장곡선 투자법

혁신 제품은 새로운 형태의 신제품으로 기존에 없던 '새로운 것'의 등장이다. 스마트폰의 등장, 스마트 워치의 등장 등을 그 예로 들 수 있다. 부동산에서도 이러한 일들은 일어난다. 가령 문래동의 경우 과거에는 철공소가 밀집한 지역이었는데 지금은 가장 힙하고 핫한 지역으로 변해가고 있다. 또한 경의선 숲길이 생김으로써 연남동 상권은 기존에 없던 상권이 새롭게 탄생한 것이다. 혁신제품처럼 말이다. 그리고 부동산 상품에서도 동일한 일이 일어난다. 과거에도 물류창고라는 부동산 상품은 존재했었다. 하지만 이커머스e-commerce의 가파른 성장과 함께 풀필먼트센터Fulfillment Center라는 개념으로 변신하면서 비약적으로 성장을 하는 부동산 상품으로 재탄생했다. 지금은 인터넷 데이터센터가 미래에 큰 수익을 가져다 줄 부동산 상품으로 각광받고 있다.

에버렛 로저스Everett M. Rogers가 1962년 발표한 혁신확산이론IDT : Innovation Diffusion Theory은 새로운 기술, 제품, 서비스가 사회에 등장할 때 사회 구성원에 의해서 수용되는 현상을 설명한 이론이다. 혁신 수용 의사결정 과정은 [지식 단계 → 설득 단계 → 결정 단계 → 실행 단계 → 확인 단계]로 진행되며, 이 과정에서 새로운 기술, 제품, 서비스의 불확실성이 줄어든다고 하였다.

로저스는 혁신 확산에 큰 영향을 미치는 요소로 1. 혁신innovation, 2. 커뮤니케이션 채널communication channel, 3. 시간time, 4. 사회 체계social system라고 주장했다. 또 로저스는 신제품이 시간이 경과함에 따라 소비자들에게 채택, 확산되는 과정을 혁신확산이론을 통해 설명했고, 소비자들에게 채택되는 과정은 일반적으로 S자 형태로 나타난다고 하였다.

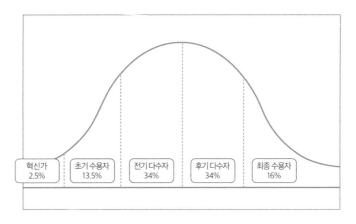

[도표 3-6] 혁신확산이론 (출처 : 에버렛 로저스)

통상적으로 하나의 신제품이 등장하면 시간의 흐름에 따라 [도표 3-6]과 같이 수용자들이 발생한다고 한다. 혁신가는 가장 빠르게 신규 제품을 큰 돈을 들여서라도 구매, 수용하는 소비층을 말한다. 초기 수용자는 정보에 빠른 사람, 새로운 기술에 밝은 사람들로 대표되는 비교적 빠르게 신제품을 수용하는 소비자 층이다.

이후, 제품이 알려지면 초기 다수자, 후기 다수자 층을 거치게 된다. 이는 유행에 따르거나, 신제품의 품질, 필요성 등이 검증된 이후에 폭발적으로 수용자층이 늘어나는 상황이 만들어지게 된다. 최종 수용자는 이러한 유행이 지난 후, 마지막으로 뒤늦게 소비하는 수용층이다.

성장곡선 투자법

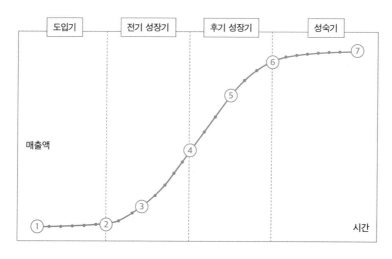

[도표 3-7] 성장곡선

혁신확산이론의 누적 그래프를 부동산에 적용해 보자. 이제 [도표 3-7] 그래프를 '성장곡선'이라고 부르고 성장곡선의 단계에 따라 투자와 회수를 결정하는 투자법을 '성장곡선 투자법'이라고 부르자. 성장곡선 투자법은 어떤 상태에 있는 상권을 투자처로 선택해야 하고, 언제쯤 투자를 개시해야 하고, 언제쯤 투자금을 회수해야 하는지 명확하게 보여준다.

성장곡선은 각 상권마다 각자 다른 모양의 곡선을 그리면서 성장한다. 어떤 상권은 아주 긴 도입기를 거치면서 성장하기도 하고, 어떤 상권은 성장기를 몇 십 년 동안 유지하면서 지속적으로 성장하기도 한다. 그리고 각 상권마다 도입기에서 성숙기까지 변하는 시간도 천차만별이다. 하지만 분명한 것은 모든 상권은 [도입기 → 전기 성장기 → 후기 성장기 → 성숙기]를 거친다는 것이다.

각 단계별 특징은 뒤에서 자세히 알아보겠지만 빌딩 투자자들은 특히 도입기에서 전기 성장기로 넘어가는 단계를 유의해서 살펴봐야 한다. 도입기에 진입한 모든 상권이 전기 성장기나 후기 성장기로 성장하는 것은 아니다. 도입기에서 전기 성장기로 전환되지 못하고 정체되거나 망할 수도 있고, 도입기에서 빠르게 전기 성장기와 후기성장기를 거쳐 성숙기를 맞이할 수도 있다. 그렇다고 너무 걱정은 하지 않아도 된다. 뒤에서 주변 환경에 상관없이 빌딩의 가치를 상승시켜 수익을 낼 수 있는 방법을 알려 줄 것이다.

[도표 3-7] 그래프를 본다면 도입기에 빌딩을 매입해서 성숙기 직전에 팔면 최고의 수익을 실현할 수 있다. 하지만 이렇게 극단적인 최적의 타이밍을 잡는 것은 불가능하다. 그리고 빌딩에 스스로 콘텐츠를 제공할 수 있는 투자자라면 도입기에 진입해도 되지만 그렇지 못한 일반 투자자가 도입기에 투자하는 것은 상당히 위험한 행위다. 오히려 일반 투자자들에게는 전기 성장기가 빌딩투자의 최적기다.

전기 성장기에는 상권이 가장 활발하게 움직이고 생동감이 넘치는 시기다. 20대 젊은 층이 유동인구의 대부분을 차지하고 새롭고 신선한 컨셉의 가게들이 계속해서 등장한다. 또 이 시기에는 많은 연예인들이 현장에서 목격되기도 하고 유명인이 해당 상권에 투자했다는 소식도 들린다. 상권 여기저기서 진행되는 리모델링이나 신축 프로젝트도 급속히 늘어난다. 빌딩 임대료도 오르고 매매가격도 오른다. 그야말로 태평성대다.

후기 성장기에는 임대료가 급등하면서 젠트리피케이션이 일어난다. 스스로 유동인구를 끌어들이던 개성 있고 독특한 가게들은 높은 임대료를 감당하지 못하고 다른 지역으로 밀려난다. 대중들에게 잘 알려진 익숙한 브랜드들이 높은 임대료를 지불하면서 이자리를 차지한다. 외부적으로 볼 때 상권이 성장하는 것처럼 보이지만 후기 성장기가 진행되면 진행될수록 해당 상권의 개성은 사라지고 다른 상권과 구별점이 없는 평범한 상권으로 변해간다.

초보 투자자들은 이 시기에 빌딩을 매입하는 경우가 많다. 대중들에게 익숙한 브랜드가 들어오는 것을 보면서 안정적이라고 느낀다. 급등한 임대료 덕분에 올라간 빌딩 가격을 상권의 진정한 성장이라고 착각한다. 하지만 노련한 투자자라면 이 시기에 투자금을 회수하고 빠져나와야 한다.

빌딩 투자자들은 성숙기를 무조건 피해야 한다. 성숙기에는 상권이 활력을 잃고 매출액이 하락하고 임대료도 하락하는 경우가 많다. 성숙기에는 반드시 해당 상권을 방문해야 하는 목적 자체가 사라져 버린다. 인근지역 상주인구가 상권 유동인구의 중심이 되

는 지역상권으로 변하고 상권 방문 연령대도 중장년층까지 넓어
진다.

성숙기 상권의 빌딩 매매가격은 강한 하방경직성으로 하락하
지 않을 수 있지만 상승세는 완전히 끊겨 버린다. 이 시기가 되면
매수인이 완전히 사라진다. 매수인들은 성장하는 다른 상권으로
이동해 버린다. 거래량이 거의 없다. 정해진 시간 안에 팔아야 하
는 매도인이라면 괴로울 수 밖에 없다. 매수인이 요구하는 무리한
조건을 수용하면서 거래가 이루어진다.

투자하고자 하는 지역이 성장곡선의 어느 단계에 있는지 판단
하는 것이 빌딩 투자의 성공과 실패를 가르는 키포인트다. 투자
하고자 하는 지역을 찾았다면 절대로 서두르지 말자. 해당 지역을
정기적으로 방문하면서 상권의 변화를 관찰해야 한다. 성장곡선
을 조그만 그래프로 그리다 보니 도입기에서 성숙기까지의 시간
이 짧아 보일 수 있다. 하지만 현실에서는 몇 십 년 동안 진행되는
경우도 있고 아무리 짧아도 몇 년은 걸린다. 성급한 결정을 미루
고 면밀한 조사를 통해 해당 지역이 성장곡선의 어느 단계에 있는
지 판단하고 투자하자.

4

이런 가게가 등장하면
성장이 시작되는 지역

도입기 : 혁신가(혁신적인 가게) + 부동산 용도의 변화

도입기에는 과거의 부동산 사용 양식을 단절하고 새로운 재미와 흥미를 유발하는 가게가 생기면서 시작된다. 이때 상권에 가보면 언발란스하다는 느낌을 받는다. 대부분의 가게는 과거적이고 전통적인 형태로 사용중이다. 이 와중에 독특한 가게 한 두 개가 그 틈새에 끼어 들어가 있는 것이다. "왜 이런 곳에 저런 가게를 열었을까?" 하는 의문이 드는 경우도 꽤 많다. 하지만 가게는 의외로 인기다. 그리고 가장 큰 특징은 다른 어느 곳에서는 만날 수 없고 경험할 수 없는 가게라는 특징이 있다. 이런 특징들 때문에 가게 스스로가 고객을 끌어들일 수 있는 능력을 가진다. 경리단길을 유명하게 만든 장진우 셰프 가게와 용리단길 남준영 셰프 가게, 신당동의 베이커리 카페 심세정, 성수동의 대림창고 등이 이런 역할을 했다.

이 시기에 부동산 가격의 변화는 거의 없다. 아직까지 대중들이 몰려온다고 보기는 어렵다. 매니아 층이 시장을 주도한다. 건물주들은 기존 상권과 다른 가게들이 들어옴으로써 미래에 대한 기대를 갖게 되고 이런 변화를 흥미로운 모습으로 바라본다. 트렌디하고 힙한 가게들은 시간이 지나면서 점점 늘어난다. 하지만 이 시기에 이 지역에 부동산 투자를 하는 것은 조심하기 바란다.

우리가 아는 00길은 이 단계를 거쳐서 성공적으로 성장기를 거친 상권이지만 00길이 되지 못하고 잠깐 찻잔 속의 태풍으로 끝나는 경우가 더 많다. 주식투자자라면 이 시기에 투자하는 것이 옳을지도 모른다. 하지만 부동산 투자는 이 시기가 아니어도 충분하다. 조금 보수적으로 판단해도 충분히 수익을 올릴 수 있는 방법이 있으니 너무 서두르지 말고 확실하게 성장하는 것을 눈으로 확인하고 투자하자.

[그림 3-4]는 도입기 상권의 사진이다. 해당 지역 상당수 건물의 용도는 공장이다. 수많은 공장들 사이에 생뚱맞은 카페가 들어왔다. 공장의 외형을 잘 살린 독특한 모습의 카페다.

[그림 3-4] 도입기 모습 (출처:네이버지도)

전기성장기 : 독특한 브랜드 + 젊은 층 유입
+ 부동산 가격 상승

전기성장기에는 낙관적인 전망이 시장에 팽배해진다. 아직 대중적인 브랜드가 들어오기에는 유동인구와 매출액이 약하지만 독특하고 젊은 컨셉의 가게들이 늘어나는 속도가 빠르다. 이때가 되면 상권 내에는 공사하는 곳이 눈에 띄게 늘어난다. 그리고 언론에서도 주목하기 시작한다. 안정적인 상권으로 추천하지는 않지만 OO길의 계승자로 언급되는 경우가 많고 유튜버들에 의해서 이름이 알려지는 경우도 많다.

또 유명 연예인이 투자하는 경우도 늘어난다. 유명 연예인이 샀다는 것만으로도 다른 사람에게 영향을 미치고 유명 연예인이 직접 가게를 운영할 경우 상권 활성화에 도움이 된다. 이때는 대형 브랜드가 직접 진출하지는 않지만 서브 브랜드로 컨셉을 바꿔서 시장을 테스트하기 위해 진출하는 경우도 있다. 전기성장기에서 후기성장기로 다가갈수록 브랜드의 팝업스토어가 늘어나기 시작한다.

이 시기는 부동산 가격이 본격적으로 상승하는 시기다. 이 시기에 해당 상권 빌딩에 투자한 사람은 마음이 아주 편하다. 비교적 저렴한 가격에 매입할 수 있는 시기이고 미래에 대한 기대도 크다. 부동산 가격은 상승하고 주변의 변화가 피부로 느껴지는 시기이므로 언제든지 손해보지 않고 좋은 가격에 팔고 나갈 수 있다는 자신감도 가득하다. 전기성장기의 전반에서 중반으로 넘어갈수록 부동산 가격 상승률은 급속히 올라간다. 시장에는 매수인은 넘치고 매도 물건은 부족하다. 직전에 이루어진 거래의 가격은 다음 거래 가격의 출발점이 된다. 전형적인 추격매수 시장이 형성된다.

[그림 3-5]는 전기성장기 모습이다. 비슷한 타깃층을 공략하는 독특한 가게들이 가득 들어와 있다. 다른 어디에도 없는 가게들이기 때문에 해당 가게는 유동인구를 스스로 만들어 낸다.

[그림 3-5] 전기성장기 모습 (출처:네이버지도)

5

이런 가게가 들어오기 시작하면
성장이 끝나가는 지역

후기성장기 : 대중적인 브랜드 + 연령 층 확대
+ 부동산 가격 상승

후기성장기에는 상권의 성장을 이끌던 브랜드가 교체된다. 도입기에서 전기성장기까지의 임차인은 유동인구를 스스로 만들어내는 가게가 많다. 하지만 후기성장기로 전환된 이후 들어오는 브랜드는 스스로 유동인구를 만들기보다는 기존에 만들어진 유동인구를 이용하려는 브랜드가 대부분이다. 후기성장기에는 임대료의 급격한 상승이 일어나고 본격적인 젠트리피케이션이 나타난다. 이 시기 상권의 메인 도로에는 유명 화장품, 의류, 악세서리 가게와 같은 판매점이 들어온다. 이런 판매점들은 식음료업체F&B에 비해 같은 면적당 매출액이 높기 때문에 훨씬 높은 임대료를 지불할 수 있다. 대부분의 건물주들은 상권에 도움이 되는 브랜드보다는 높은 임대료를 지불할 수 있는 임차인을 선택한다. 그래서 해당 상권은 점점 다른 상권과 차별점이 없어지고 비슷한 브랜드들이 들어와 있는 일반적인 상권으로 악화된다. 이런 변화는 언론에서도 주목한다. 언론에서는 젠트리피케이션과 임대료의 상승, 부동산 가격 상승에 대한 부정적인 영향을 집중적으로 보도한다. 도입기와 초기성장기에는 젊고 힙한 유동인구가 주를 이루었지만 이제는 방문하는 유동인구 층이 넓어진다. 회사원, 주부 등 다양한 세대가 해당 상권을 방문한다.

이 시기 부동산 가격은 여전히 상승한다. 하지만 후기성장기 전반기를 정점으로 부동산 가격의 성장률은 조금씩 둔화된다. 도입기 또는 초기성장기에 투자한 투자자라면 후기성장기 전반에는 반드시 매각하고 빠져나오라고 권한다. 후기성장기 전반까지는 매수자가 매도자를 압도할 정도로 많다. 하지만 시장에서는 "너무 많이 오른 거 아니야?"하는 불안감이 점점 퍼져 나가기 시작한다. 이 불안감이 퍼지기 전에 투자금을 회수하는 것이 최고의 전략이다. 반드시 성숙기로 접어들기 전에 팔고 나와야 한다.

[그림 3-6]은 후기성장기 모습으로 대중에게 알려진 유명 브랜드가 대부분을 차지한다.

[그림 3-6] 후기성장기 모습 (출처:네이버지도)

성숙기 : 대중적인 브랜드 + 공실 증가 + 부동산 가격 정체

성숙기는 반드시 오는 단계는 아니다. 하지만 한번 성숙기에 빠지면 다시 도입기를 거쳐 성장기를 맞이하기는 어렵다. 압구정 로데오같은 경우 다시 한번 성장기를 맞았지만 외부환경이 급격히 변하지 않는 이상 어려운 이야기다. 성숙기에 건물주들은 우울하다. 하방경직성으로 인해 부동산가격이 폭락하는 일은 잘 일어나지 않는다. 하지만 공실이 늘어나고 임대료도 줄어든다. 부동산 매매가격도 억지로 유지되는 경우가 많아서 정말로 팔고 싶다면 대폭적인 할인이 필요한 경우도 있다. 다른 성장기 시장에 투자해서 돈 벌 수 있는 기회비용까지 생각한다면 반드시 성숙기가 시작되기 전에 투자금을 회수하기 바란다. 다시 한번 말하지만 부동산을 가지고 성숙기로 접어드는 우는 범하지 말자.

[그림 3-7] 성숙기 모습 (출처:네이버지도)

그럼 이제 물어보자 "어디에 투자해야 할까?" 정답은 "도입기에서 전기 성장기로 넘어가는 지역을 찾아서 투자를 해야 한다." 그럼 "언제 사고 언제 팔아야 하나?" 정답은 "도입기에서 전기성장기로 넘어가는 시점에 매입해서 후기성장기 초반에는 반드시 팔고 나와야 한다."이다

[도표 3-7]에서(121쪽 참고) ❷번과 ❸번 사이에 매입해서 ❺번이 넘어가기 전에 팔고 나와야 한다. 이런 성장하는 지역을 찾기만 한다면 돈 버는 것은 따 논 당상이다. 아무런 힘을 들이지 않아도 가격이 올라가는 것을 즐길 수 있다. 해당 지역에 빌딩을 가지

고만 있어도 부동산 중개업자들의 수많은 연락을 받을 것이다. 하루에도 수십명의 부동산 중개업자들이 연락을 시도할 것이다. 이 지역을 찾아서 투자한다면 힘들게 계단을 오르는 것처럼 빌딩 가격이 올라가는 것이 아니라 가만히 서 있어도 올라가는 상승 에스컬레이터처럼 아무런 행위를 하지 않아도 빌딩 가격은 저절로 빠르게 올라가는 환상적인 경험을 하게 될 것이다.

6

더 큰 부자 되는
지역을 찾는 비법

도입기에서 전기성장기로 넘어가는 지역만 찾는다면 에스컬레이터를 타고 올라가듯이 편안하게 부동산 가격이 상승하는 것을 즐길 수 있다고 하는데, 도대체 어떻게 이런 지역을 찾는지 이제부터 알아보자.

당연히 가장 중요한 것은 현장이다

한번 생각을 해 보자. 가로수길은 지금 상승곡선의 어디쯤을 통과하고 있을까? 최근 힙당동이라고 불리는 신당동 중앙시장 인근은 지금 어디쯤을 통과하고 있을까? 그리고 압구정로데오는? 부

산의 해리단길은? 부산의 달맞이고개길은? 광주 충장로와 동리단
길은? 수원 행리단길은? 일산 라페스타와 밤리단길은? 전주의 객
리단길은?

　아마도 논리적으로 설명할 수는 없지만 성장곡선의 어딘가에
점이 찍힐 것이다. 정확하다고 설명할 수는 없지만 느낌은 있을
것이다. 이런 느낌은 어떻게 형성되는 것일까? 바로 상권 현장의
변화가 어느정도 머리속에서 그려지기 때문에 대충이라도 알 수
있는 것이다. 광주 충장로를 가보지 않고 지금 충장로가 성장곡선
의 어디쯤 지나고 있는지는 절대로 알 수 없다. 수원 인계동 상권
을 가보지 않고, 인천 개항로에서 주중, 주말, 점심, 저녁시간대에
현장에서 시간을 보내 보지 않고 어떻게 해당 상권을 다니는 유동
인구를 상상할 수 있으며, 어떻게 상권의 장점과 단점을 이야기할
수 있겠는가? 너무나도 진부하고 "또 그 내용이냐?"고 질타할 수
도 있지만 어쩔 수 없다. 현장 스터디를 뛰어넘을 수 있는 것은 아
무것도 없다.

　"현장의 변화를 감지하는 것이 가장 기본이지만 가장 중요하고
정확하다."

　그럼 현장을 방문해서는 뭘 해야 할까? 관심있는 지역에 상권
조사를 위해서 가면서 그냥 친구와 놀러가는 것처럼 생각하지 마
라. 기록한다고 생각하고 현장을 방문해야 한다. 정기적으로 현장

을 방문하면서 변화를 기록해야 한다. 어떤 가게가 들어오고, 어떤 가게가 나갔는지 확인해야 한다. 새로 들어온 가게의 고객은 누구를 대상으로 하고 떠난 가게는 어떤 특징을 가진 가게였는지를 반드시 정기적으로 기록해야 한다. 정기적으로 꾸준히 변화를 체크해 나가야 상권이 어디를 향해가는지 알 수 있다.

상권이라는 현장이 늘 여러분이 잘 알고, 여러분과 친숙한 지역이라면 이야기는 쉬워진다. 가령 여러분이 사는 아파트 바로 앞에 상권이 새롭게 형성되기 시작한다면 얼마나 편할까? 상권의 성장을 알아보는 것은 식은 죽 먹기다. 그냥 밥 먹고 마실 나가듯이 나가서 둘러보면서 새로 들어온 브랜드는 어떤 것이 있고, 어디가 공사를 하고 있는지 쉽게 확인할 수 있다. 하지만 불행히도 상권은 너무나도 넓은 지역에서 발생하고 성장한다. 그럼 도대체 상권이 성장하거나 변하고 있다는 것을 어떻게 1차적으로 감지할 수 있을까?

언론은 언제나 새로운 것을 반긴다.

가장 손쉬운 방법은 언론에서 주목하는 상권을 살피는 것이다. 언론은 늘 새로운 소식을 찾는 매체다. 언론은 뭔가 특색이 있거나 일반적인 것과 다른 것이 있으면 관심을 가지고 사람들에게 알리려고 노력하는 매체다. 특히 요즘은 SNS를 통해서 들려오는 소식에도 예민하게 반응하는 경우가 많다.

[그림 3-4] 도입기 및 전기 성장기 언론 기사 (출처:조선일보)

　언론에서 핫하다, 힙하다는 단어와 함께 나오는 상권은 지금 관심을 받고 성장하는 상권이라는 것을 말한다. 그리고 연예인들도 중요하다. 핫한 상권의 초기에는 반드시 연예인들이 매입했다는 뉴스가 나온다. 요즘 최고로 핫한 성수동의 경우 영화배우, 가수, 스포츠 스타 등 수많은 연예인이 투자를 했고 수익을 내고 빠졌다. 최근에는 유명 연예인부부와 아이돌 그룹 멤버, 트로트 가수가 송정동에 건물을 매입하면서 이슈가 되기도 했다. 연예인이 매입하는 경우 소문이 나서 관심도가 집중되는 것도 플러스 효과지만 직접 카페나 가게를 운영한다면 그 효과는 엄청나다. 최상급 여성 가수가 한남동 건물을 팔고 신당동 건물을 샀다는 뉴스가 일

주일 내내 신문에 났다. 이 정도라면 아무것도 모르는 사람들도 "도대체 신당동이 어디야?"하고 궁금증을 가질 수 있을 정도다. 그리고 상권탐방 뉴스에서는 '새롭다'는 단어가 빠질 수 없다. 신규 상권은 늘 새롭고, 다른 상권에서는 볼 수 없는 특징이 있다는 내용도 빠지지 않는다.

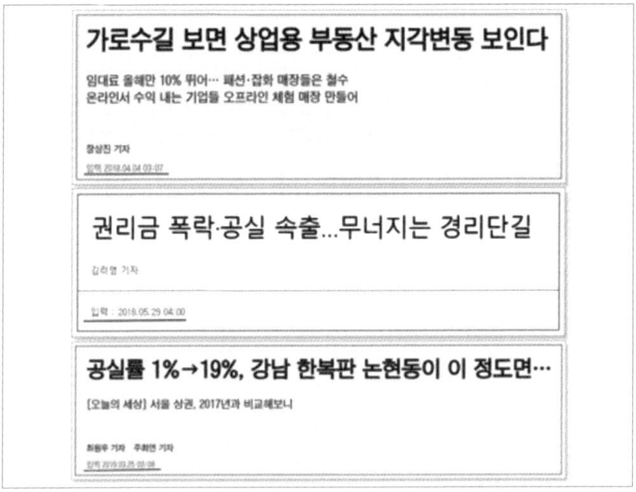

[그림 3-5] 후기 성장기 및 성숙기 언론 기사 (출처:조선일보)

서서히 정점으로 달려가는 상권에서 가장 많이 나오는 단어는 특색이 없어졌다는 말이다. 그도 그럴 것이 후기성장기에 들어오는 브랜드는 신규 유동인구를 만들어내는 브랜드가 아니다. 기존에 만들어진 유동인구를 이용하려는 브랜드들이다. 그래서 A상권, B상권, C상권, D상권에 모두 있는 옷 가게, 화장품 가게, 청바지 가게 들과 유사한 브랜드 가게가 들어오는 것이다. 이들은 다른 어떤 업체들보다 높은 임대료를 낸다. 기존 유동인구를 만들어 내던 가게들이 새로 들어오는 브랜드에 밀려 다른 곳으로 이전하고 그 자리를 특색 없는 브랜드가 차지하게 된다. 언론은 이 점을 지적하면서 상권의 쇠퇴를 말하기 시작한다.

공실에 대한 이야기가 나오기 시작하면 상권은 상당한 위험에 처해 있을 가능성이 높다. 오피스 임대차의 경우 입주 시 아무리 비싼 비용을 들여 인테리어를 하고 들어오더라도 임대차기간 만료로 퇴실할 때는 원상복구가 기본적인 임차인의 의무다. 즉 아무리 많은 비용을 들이더라도 권리금을 인정받지 못하고 오히려 원상복구를 위해 추가 비용을 지출해야 한다는 말이다.

하지만 상가는 다르다. 나라에서 법으로 인정을 하든 하지 않든 시장에서는 오래전부터 권리금이라는 것이 유지되고 있었다. 대기업을 제외한 대부분의 상가는 권리금을 주고 받는 것을 상식으로 생각하고 있다. 이런 상권에 공실이 생겼다는 것은 해당 상권에서 장사를 하던 가게가 권리금이라는 돈을 포기하고 나갔다는 것이다. 이 말은 권리금보다 가게를 유지함으로써 발생하는 적자가 더 크거나 권리금을 지불하고 새롭게 임차할 임차인을 구하기 어렵게 되었다는 이야기다.

성장하거나 유지되는 상권이라면 건물주가 관여하지 않아도 권리금을 위해 후속 임차인을 현재 임차인이 찾아서 데리고 오는 것이 일반적인데 이 체인이 끊어져 공실이 발생했다는 것은 상권에 상당한 문제가 발생했다는 것을 간접적으로 말해 주는 것이다.

온라인에 남겨진 흔적을 찾아라

다음으로 확인할 수 있는 보조지표는 온라인상에 남겨진 흔적을 찾는 일이다. 온라인에서 흔적을 찾는 일은 다양하다.

그중 첫 번째는 소셜 네트워크 서비스SNS의 포스팅 숫자를 확인하는 것이다. 그냥 숫자가 많다, 적다가 중요한 것이 아니다. 정기적으로 포스팅 숫자를 기록하고 포스팅 숫자의 변화를 추적해야 한다. 언론에 나오는 지역을 꾸준히 관찰하다 보면 포스팅이 상승하는 지역과 하락하는 지역으로 나눌 수 있다. 포스팅이 상승하는 지역에 주목하자. 만약 여러분이 건물주라면 소유하고 있는 건물이 속한 상권에 대한 현장 점검과 포스팅 숫자 변화를 정기적으로 확인하는 것은 기본이다.

[그림 3-8]은 23년 10월 기준 인스타그램에 행리단길로 작성된 포스팅이 17.4만개라는 것을 보여준다.

[그림 3-8] 인스타그램 포스팅

두 번째는 네이버나 구글의 검색 데이터를 이용하는 것이다. 우리나라 검색시장을 장악하고 있는 네이버에서는 2016년부터 데이터랩을 통해서 검색 경향을 알려준다. 네이버 데이터랩은 정확한 검색량을 알려주는 사이트는 아니다. 내가 알고 싶은 검색 키워드keyword와 검색 기간을 입력하면 해당 검색 기간에서 가장 많이 검색한 시점을 100으로 두고 나머지는 이 시점 대비 비율을 알려준다. 정확한 검색량이 아니라 추이를 알려주는 것이다. 검색추이는 사람들의 관심이 변해가는 과정을 보여준다.

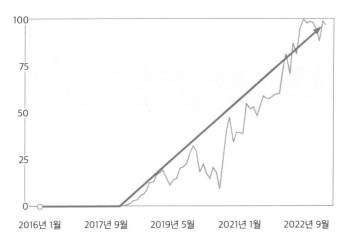

[도표 3-8] 일산 밤리단길 검색추이 (출처 : 네이버 데이터랩)

　　[도표 3-8]은 일산에 형성된 밤리단길에 대한 검색추이에 대한
그래프다. 2018년 7월까지는 검색이 거의 0에 가깝다. 2023년 검
색추이가 100이다. 지난 4년간 상권이 성장하고 있다는 것을 검
색추이를 통해서 알 수 있다.

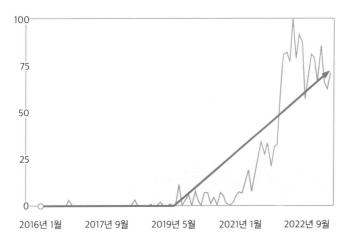

[도표 3-9] 서울 연무장길 검색추이 (출처 : 네이버 데이터랩)

연무장길에 대한 검색추이도 밤리단길과 비슷한 형태다. 2018년부터 검색에 뭔가 꿈틀거림이 느껴진다. 하지만 본격적으로 상승하는 시기는 2019년 초부터다. 상권이 급격히 성장을 하면 지금 검색량이 워낙 많아서 과거 검색량이 상대적으로 작아 보일 수 있다. 알고 싶은 기간을 조정하면서 검색추이를 확인하기 바란다.

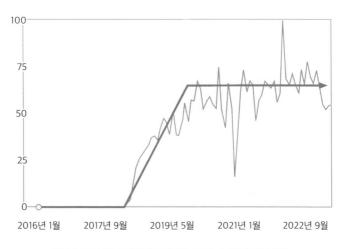

[도표 3-10] 서울 송리단길 검색추이 (출처 : 네이버 데이터랩)

이번에는 서울 송파구에 위치한 송리단길이다. 송리단길은 2017년 9월부터 검색이 늘기 시작한다. 검색이 증가하는 시기는 2020년경에 멈추고 검색이 정체되고 있는 모습이다. 검색이 정체되고 있다는 것은 관심이 유지는 되지만 증가하지 못하고 있다는 것이다. 상권이 더 이상 성장하고 못하는 모습이고 새로운 성장동력이 필요해 보이는 그래프다.

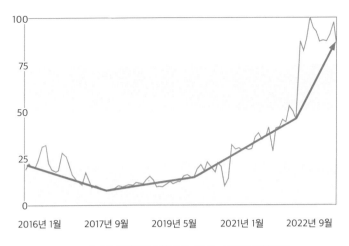

[도표 3-11] 대구 봉리단길 검색추이 (출처 : 네이버 데이터랩)

　[도표 3-11]은 대구에 위치한 봉리단길에 대한 검색추이다. 다른 지역에서 형성된 O리단길과는 다른 형태의 검색추이를 보인다. 2016년에도 검색량이 꽤 있다가 오히려 감소내지는 정체단계에 머물렀다. 2020년부터 완만한 상승을 보이다가 2022년 9월에 급격한 상승을 이룬다. 최근들어 관심도가 급격하게 증가했다면 반드시 현장에서 무슨 일이 일어나고 있는지 확인해야 한다.

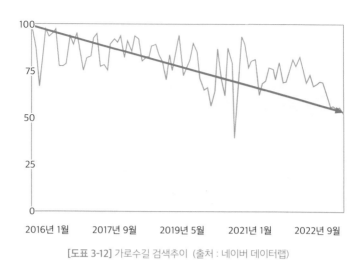

[도표 3-12] 가로수길 검색추이 (출처 : 네이버 데이터랩)

　[도표 3-12]는 안타깝게도 관심도가 줄어들고 있는 가로수길에 대한 검색추이다. 2016년부터 줄곧 하향하고 있다. 2016년 1월에 비해 검색량이 50%이하로 떨어졌다. 관심이 떨어졌다는 것은 방문하는 사람이 줄어들 가능성이 높고 유동인구가 준다는 것은 임대료의 하락이 예상된다. 결국은 관심이 멀어진다는 것은 부동산 가격의 하락으로 연결된다.

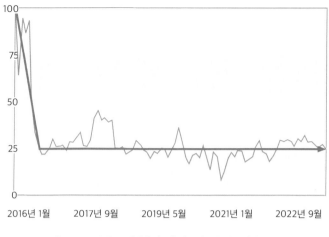

[도표 3-13] 종로 검색추이 (출처 : 네이버 데이터랩)

　　[도표 3-13]은 종로에 대한 검색추이다. 관심이 폭락한 이후 꾸준히 정체되고 있다. 압구정로데오의 경우도 이런 정체를 약 10년간 겪다가 성숙기에서 도입기와 성장기로 진입했다. 종로도 이런 반전을 이룰 날이 오기를 기대해 본다.

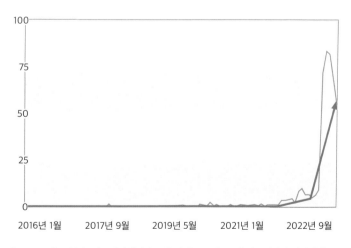

[도표 3-14] 도입기 또는 전기성장기로 추정되는 그래프 (출처 : 네이버 데이터랩)

네이버 데이터랩은 검색량을 알려주는 것이 아니라 검색추이를 알려준다. [도표 3-14]와 같이 최근 들어 검색량이 급격히 증가했다는 것은 뭔가 잠깐의 이벤트가 발생한 것일 수도 있지만 새로운 트렌드가 만들어지는 것일 수도 있다. 반드시 현장을 확인해보자.

새로운 상권은 어떻게 생기나?

홍대상권은 강북 최대 상권으로 성장했다. 코로나 팬데믹 시기에 클럽이 폐쇄되면서 위기를 맞기도 했지만 최근 화려하게 부활했다. 홍대 앞 골목 길에는 젊은이들이 넘쳐난다. 새벽이 되어도 유동인구는 줄어들 줄 모른다. 이런 모습이 신기한지 새벽을 즐기는 외국인 관광객도 점점 증가하고 있다.

홍대상권이 지역적으로 팽창, 분화하고 있다. 가장 가까운 상권으로는 합정동, 연남동과 망원동 상권이 있다. 홍대상권의 비싼 임대료를 견디지 못한 예술가들이 합정동, 연남동, 망원동으로 흩어졌다. 연남동은 경의선 숲길이 생기면서 시너지 효과를 냈다. 많은 사람들이 경의선 숲길에서 시간 제약없이 자유롭게 즐겼다. 마치 외국의 멋진 관광지 같은 분위기였다. 또 연남동의 아기자기한 건물들도 독특한 지역 감성을 표현하기 좋았다. 합정동과 상수동은 이미 홍대상권이 확장해서 들어왔다. 동 구분의 의미가 없어졌다. 홍대상권이 계속해서 밀고 넘어오고 있다. 망원동의 별명은 망리단길이다. 한강시민공원, 망원시장과 시너지를 내면서 독자적인 상권으로 성장하고 있다.

과거 가로수길은 한국의 '소호거리'로 불렸다. 압구정 로데오 상권에서 높은 임대료를 견딜 수 없었던 아기자기한 가게들이 가로수길로 넘어왔다. 이후 압구정 로데오 상권은 젠트리피케이션의 대명사로 불리면서 20년 이상 고전을 면치 못했다. 가로수길이 압구정 로데오 상권을 완벽하게 대체했다. 가로수길은 2010년대 중반 서울에서 가장 매출이 높은 상권으로 성장했다.

2010년대 후반 정반대 현상이 나타났다. 이번에는 가로수길의 높은 임대료 때문에 개성 있는 가게들이 세로수길 이면, 압구정 로데오, 한남동 등으로 떠났다. 지금 가로수길은 공실이 늘고 유동인구가 줄었다. 반면 압구정 로데오 상권은 새로운 성장기를 맞으며 화려하게 부활했다. 도산공원을 중심으로 트랜디한 가게들이 줄줄이 입점하고 있다. 한남동도 친숙한 연예인과 비싼 아파트 단지의 고급스러운 이미지를 배경으로 쑥쑥 자라고 있다.

새로운 상권은 기존 상권이 확장하거나 분화하는 경우가 많다. 홍대에서 연남동, 합정동, 망원동, 상수동 상권이 생기는 과정이 그랬고, 압구정로데오에서 가로수길로 상권이 옮겨가는 과정이 그랬다. 새로운 상권은 유동인구를 강하게 끌어당기는 유행 선도 가게에 의해서 시작된다. 압구정 로데오의 부활을 이야기하면서 노티드도넛을 비롯한 회사 GFFG의 가게들을 빼놓을 수는 없고, 신당동의 성장을 이야기하면서 심세정, 주신당을 빼놓을 수 없고, 송리단길을 이야기하면서 라라브래드를 빼놓을 수 없다.

도입기에 생겨난 유행 선도 가게의 유동인구는 유행 선도 가게에만 머물지 않는다. 유행 선도 가게를 넘어 해당 지역으로 스며든다. 마치 양동이에 물이 넘치면 인근으로 흘러가듯이 유행 선도 가게에 모인 유동인구는 해당 상권 곳곳으로 스며들게 된다. 이런 유동인구는 또다른 유행 선도 가게들을 불러모은다. 상권 성장의 선순환 사이클이 시작하는 것이다.

두배로 빨리 올라가는 빌딩들

투자는 투자자가 감수해야 할 리스크와 추구하는 수익의 함수다.
리스크 대비 가장 빠르게 수익을 올릴 수 있는
밸류애드 투자법이 무엇인지와 사례를 알아보자.

1

돈과 빌딩도
궁합이 맞아야 급상승한다

부동산 사이클에서 언제 투자를 시작해야 하는지 알게 되었고, 성장곡선 투자법에서는 좀 더 구체적으로 지역적 부동산 가격에 영향을 미치는 요소를 파악함으로써 어디에 언제 투자해야 하고 언제까지 투자금을 회수해야 하는지 알아봤다. 성장곡선 투자법은 언제, 어디에 투자해서 언제 팔고 나와야 할지까지 알려준다. 앞에서도 설명했지만 성장곡선을 타기만 하면 에스컬레이터가 자동으로 상승하듯 해당 지역 부동산 가격은 가만히 있어도 빠르게 상승한다. 더군다나 다른 지역보다 더 많이 상승한다. 이 얼마나 행복한 일인가? 여기에 달리는 말에 채찍을 가하는 것처럼 에스컬레이터를 타고 그냥 서서가는 것이 아니라 걸어서 혹은 뛰어서 올라간다면 속도는 2배속 이상으로 빨리 정상에 도착할 수 있다. 이

책의 목적이 남들보다 더 빠르게 더 큰 부자되기라는 것을 말했다. 성장곡선 투자법만으로도 충분히 매력적인 결과를 만들어 낼 수 있지만 여기에 가속을 더해 줄 추가적인 투자법을 소개하겠다.

부동산 가격에 영향을 미치는 요소는 금리, 개발호재, GDP, 대출의 편리성 등 다양하지만 개별 빌딩에만 영향을 미치는 요소는 무엇이 있을까? 여러가지 요소가 있지만, 지역상권 대비 빌딩의 규모는 적당한가? 신축 빌딩인가? 오래된 낡은 구축 빌딩인가? 빌딩의 관리상태가 얼마나 좋은가? 건물의 외관이 얼마나 멋있나? 건물의 용도는 무엇인가? 건물의 임차인은 누구인가? 얼마나 공실이 많은가? 법률적으로 하자는 없는가? 등에 따라서 개별 빌딩 가격은 영향을 받는다.

하지만 이런 요소들을 고려하기 이전에 투자자의 성향 또는 투자하려는 돈의 성향에 대해서 파악할 필요가 있다. 아무리 주위 사람들이 좋은 투자라고 권해도 본인이 해당 투자방법에 대해 관심이 없고, 본인이 투자하는 돈의 성격이 해당 투자와 맞지 않으면 투자하기 어렵다. 가령 큰 리스크를 지는 단기 투자로 빨리 결과를 보고싶어 하는 돈을 예금금리가 올랐다고 적금에 넣으라고 하면 과연 가능할까? 불가능하다. 답답해서 시간을 견디지 못한다. 빌딩 투자도 마찬가지다. 투자하려는 돈의 성향에 따라 투자방법도 달라져야 한다.

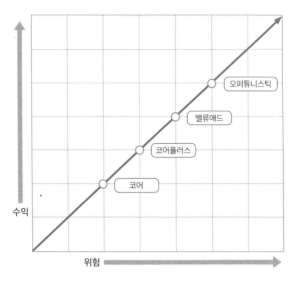

[도표 4-1] 투자 성향

    돈과 투자자의 투자 성향은 [도표 4-1]과 같이 위험과 수익에 대한 함수로 결정된다. 투자 성향은 가장 낮은 리스크와 낮은 수익이지만 안정성을 중요시하는 코어core 투자, 코어 투자자와 유사한 성향을 가지고 있지만 코어 투자보다는 외연을 확장한 코어플러스core plus 투자, 큰 수익을 바라지만 리스크를 통제하고 싶어 하는 밸류애드value add 투자, 가장 큰 리스크를 가지면서 가장 큰 수익을 추구하는 오퍼튜니스틱opportunistic 투자로 나눌 수 있다.

2

더 느리게 부자 되는
빌딩들

코어 투자는 가장 핵심적인 자산에 투자하는 돈, 투자자다. 핵심적인 자산이란 해당지역에서 가장 좋은 빌딩을 말한다. 테헤란로로 치면 강남파이낸스센터GFC, 파르나스타워, 아크플레이스타워, GS타워, 삼성타운 등 위치적으로나, 물리적으로나 최고의 빌딩이 핵심자산이다. 여의도로 치면 파크원, 국제파이낸스센터IFC, 신한투자증권타워, 여의도포스트타워, 한국교직원공제회관 등을 말할 수 있고, 광화문으로 치면 서울파이낸스센터SFC, 교보타워, 광화문디타워, 그랑서울, 센트로폴리스 등을 핵심자산으로 꼽을 수 있다.

코어투자 조건은 위치적, 물리적인 빌딩의 형태에만 국한되지는 않는다. 빌딩의 운영도 영향을 미친다. 빌딩 임대차에서 얼마나 신용도 높은 임차인들이 안정적으로 사용하고 있는지 그리고 얼마나 잔여 계약기간이 오랫동안 남아있는지 등이 영향을 미친다.

우리가 투자하는 중소형빌딩에서도 충분히 코어투자의 개념을 도입하여 투자할 수 있다. 가령 명동 상권에서 가장 좋다고 알려진 중앙로에 위치한 신축 빌딩이 있는데, 대기업 의류 브랜드가 10년간 임대차 계약을 했다고 가정해 보자. 이 빌딩은 명동 상권의 다른 빌딩보다 수익률이 조금 낮거나 매매금액의 단가가 조금 높다고 하더라도 거래가 될 것이다. 이런 빌딩이 코어 투자자를 위한 매물이다.

[그림 4-1]은 전형적인 코어투자의 사례를 보여주는 거래다. 싱가포르투자청은 2004년 론스타로부터 스타타워를 매입한 후 GFC로 이름을 바꾸고 지금까지 보유하고 있다.

코어플러스 투자는 코어 투자보다 조금 더 외연을 확대한 개념이다. 가령 코어 투자가 핵심지역에서 가장 좋은 빌딩에 투자한다고 하면, 코어플러스 투자는 코어 투자 바로 인접지역에서 조금 더 낮은 등급의 빌딩에 투자하는 개념이다. 대형 빌딩을 기준으로 코어플러스 투자를 말하면 대형 빌딩이 아니라 중대형 빌딩에 투자하는 것을 말할 수 있고, 주요 임차인과 지금 막 임대차 계약을 한 것이 아니라 임대차 만기가 돌아오고 있는 빌딩에 투자하는 것을 말할 수 있다. 조금 전 설명한 명동상권으로 치자면 명동 중앙로가 아니라 명동1번가, 명동3번가에 위치한 빌딩들이 될 수 있다.

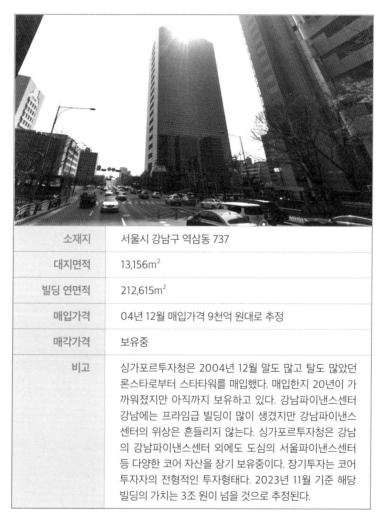

소재지	서울시 강남구 역삼동 737
대지면적	13,156m²
빌딩 연면적	212,615m²
매입가격	04년 12월 매입가격 9천억 원대로 추정
매각가격	보유중
비고	싱가포르투자청은 2004년 12월 말도 많고 탈도 많았던 론스타로부터 스타타워를 매입했다. 매입한지 20년이 가까워졌지만 아직까지 보유하고 있다. 강남파이낸스센터 강남에는 프라임급 빌딩이 많이 생겼지만 강남파이낸스센터의 위상은 흔들리지 않는다. 싱가포르투자청은 강남의 강남파이낸스센터 외에도 도심의 서울파이낸스센터 등 다양한 코어 자산을 장기 보유중이다. 장기투자는 코어 투자자의 전형적인 투자형태. 2023년 11월 기준 해당 빌딩의 가치는 3조 원이 넘을 것으로 추정된다.

[그림 4-1] 코어 투자의 사례 - 강남파이낸스센터 (출처 : 네이버지도)

3

더 빠르게
부자되는 빌딩들

먼저 오퍼튜니스틱opportunistic 투자에 대해서 알아보자. 오퍼튜니스틱 투자자는 대규모 개발사업을 하거나 위험이 높은 부동산 부실채권에 투자하여 높은 수익을 추구하는 투자다. 부동산 개발사업은 단기간에 끝나는 사업이 아니다. 아무리 짧아도 2~3년이상 걸리는 사업이기에 경기변동 리스크에 노출된다. 2023년 11월 현재 물류센터 개발사업, 하이엔드 오피스텔 개발 사업이 예상치 못한 리스크 발생으로 큰 어려움을 겪고 있다. 오퍼튜니스틱 투자는 개인이 하기 힘들다. 조직이 갖춰진 전문가들의 영역이다. 이 투자는 욕심내지 말고 전문가의 영역으로 남겨두자.

가장 눈 여겨 봐야 할 투자, 가장 권장하는 투자법이 바로 밸류애드 투자다. 밸류애드는 가치를 더한다는 의미로 뭔가 약점이 있는 빌딩을 시장 가격보다 싸게 사서 그 약점을 해결함으로써 빌딩 가치를 올리는 투자다. 이 밸류애드 투자가 각광받기 시작한 시기는 금리가 하락하는 시기와 일치한다. 금리의 하락은 빌딩 투자 수익률의 하락과 같은 말이다. 고금리 시기에 빌딩에 투자하면 아무 일을 하지 않더라도 7%~8%의 운영 수익을 획득할 수 있었다. 하지만 금리가 하락한 저금리 시기에는 빌딩에 투자하기는 쉬워졌지만 빌딩에 투자한다고 하더라도 4~5% 내외의 수익을 얻기도 어려워진 상황이 된 것이다. 떨어진 운영 수익을 매매차익으로 만회하기 위한 방법으로 밸류애드 투자가 인기를 끌기 시작했다.

또다른 밸류애드 투자 인기 요인은 우리나라 빌딩들의 나이다. 우리나라 빌딩의 나이는 대부분 30~40살 전후다. 1990년대에 지어진 건물이 가장 많다. 분명히 그냥 사용하기에는 뭔가가 아쉽고 불편하다. 엘리베이터가 없는 붉은 벽돌 건물은 신축이나 리모델링을 통해 보다 현대적인 감각의 편리한 빌딩으로 재탄생시켜야 한다.

[그림 4-2]는 리모델링과 증축으로 빌딩 가치를 상승시킨 밸류애드 투자사례다. 기존 상권에서는 단순 리모델링이 많지만 신흥 상권에서는 단독주택, 다가구주택을 근린생활시설로 용도변경하면서 리모델링하는 사례가 압도적으로 많다.

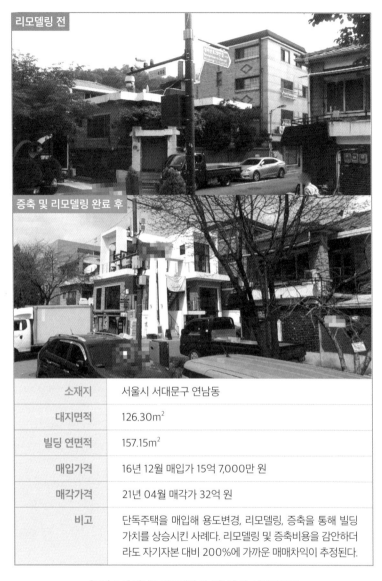

소재지	서울시 서대문구 연남동
대지면적	126.30m^2
빌딩 연면적	157.15m^2
매입가격	16년 12월 매입가 15억 7,000만 원
매각가격	21년 04월 매각가 32억 원
비고	단독주택을 매입해 용도변경, 리모델링, 증축을 통해 빌딩 가치를 상승시킨 사례다. 리모델링 및 증축비용을 감안하더라도 자기자본 대비 200%에 가까운 매매차익이 추정된다.

[그림 4-2] 연남동 리모델링 전 / 후 (출처: 네이버지도)

4

빌딩 투자자만이 할 수 있는
단기 가치 상승 비법

밸류애드 투자는 성장곡선 투자법과 함께 더 빨리 더 큰 부자가 되는 투자법의 핵심이다. 그래서 좀 더 자세히 알아보려고 한다. 밸류애드 투자는 부동산 가격에 영향을 미치는 전국적, 지역적 요소가 변하지 않더라도 밸류애드 하나만 가지고도 매매차익을 실현할 수 있는 투자다. 또 외부적인 도움 없이 스스로 가치를 상승시킬 수 있는 유일한 투자다.

가장 대표적인 밸류애드 투자는 리모델링이다. 90년대 4층 또는 5층 빌딩의 가장 큰 특징은 붉은 벽돌로 대변된다. 상권을 지나다가 붉은 벽돌과 마주한다면 밸류애드 투자 대상임을 직감해야 한다. 또 이 시기에 지어진 빌딩은 엘리베이터가 없는 빌딩이 많다. 엘리베이터가 없는 빌딩의 3층 이상 공간은 임대가 어렵고 임차인을 찾는다고 하더라도 아주 저렴한 임대료는 어쩔 수 없다. 숨은 공간을 찾아서 엘리베이터를 설치하는 것도 가치를 상승시키는 리모델링의 기본이다. 또 최근에는 붉은 벽돌의 다가구 주택을 매입해서 오래되고 낡은 외관을 매력 포인트로 강조한 근린 생활시설 빌딩으로 바꾸는 리모델링도 유행이다. 반지하가 있는 건물은 의외로 노출이 좋아서 1층이 두 개 있는 듯한 빌딩으로 만들 수 있다.

밸류애드 대상으로 좋은 또다른 빌딩은 지금 받을 수 있는 용적률보다 더 높은 용적률로 지어진 빌딩이다. 2003년 일반주거지역이 1종, 2종, 3종 일반주거지역으로 세분화되었는데 2003년 이전에 인허가를 받아서 지은 빌딩은 지금보다 더 높은 용적률을 적용받았을 가능성이 높다. 이런 빌딩은 신축을 하면 현재의 건축법을 적용받아서 오히려 면적이 줄어든다. 그래서 신축이 아니라 면적을 유지하면서 시설을 새롭게 할 수 있는 리모델링을 선택한다.

대부분의 밸류애드는 리모델링을 수반한다. 하지만 리모델링이 아니라 임차인 개선이 주를 이루는 밸류애드 투자법도 존재한다. 몇 년 전 서울에서는 공유오피스 운영업체에게 빌딩을 통으로 임대하는 것이 유행처럼 번졌다. 팔리지 않던 빌딩도 해당 임차인으로 교체하면 좋은 가격에 매매할 수 있었다. 또다른 방법은 신용도 높은 자회사나 관계사를 입점시켜서 가치를 상승시키는 경우다. 큰 회사에게는 가장 손쉬운 방법이다. 또 전국적으로 매장이나 사무실이 필요한 업체와 전략적 제휴를 통해 [낡은 빌딩 매입 → 리모델링 + 임차업체 입점 → 높은 금액으로 매각]하는 경우도 있다.

[그림 4-3]은 교대역의 이면 상권에 위치한 낡은 벽돌 빌딩을 세련된 외관의 빌딩으로 리모델링한 사례다.

소재지	서울시 서초구 서초동
대지면적	215m²

빌딩 연면적	542m^2
매입가격	20년 05월 매입가 46억 5,000만 원
매각가격	21년 03월 매각가 75억 원
비고	엘리베이터 없는 상가주택을 매입해 엘리베이터를 설치하고 외관을 바꾸고 주택으로 사용되던 공간을 근린생활시설로 용도 변경했다. 그리고 최상층 일부를 증축까지 했다. 리모델링으로 할 수 있는 대부분을 했다. 밸류애드 비용을 감안하더라도 자기자본 대비 100%에 가까운 매매차익이 추정된다.

[그림 4-3] 서울 교대역 인근 리모델링 전 / 후 (출처 : 네이버지도)

[그림 4-4]는 경춘선 숲길, 일명 공리단길에 위치한 단독주택을 매입해서 근린생활시설 빌딩으로 신축한 사례다.

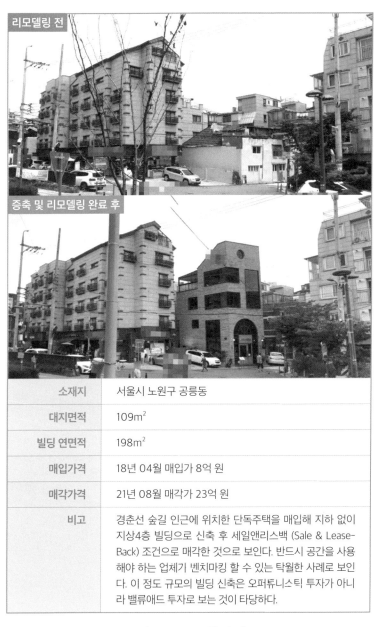

소재지	서울시 노원구 공릉동
대지면적	109m²
빌딩 연면적	198m²
매입가격	18년 04월 매입가 8억 원
매각가격	21년 08월 매각가 23억 원
비고	경춘선 숲길 인근에 위치한 단독주택을 매입해 지하 없이 지상4층 빌딩으로 신축 후 세일앤리스백 (Sale & Lease-Back) 조건으로 매각한 것으로 보인다. 반드시 공간을 사용해야 하는 업체기 벤치마킹 할 수 있는 탁월한 사례로 보인다. 이 정도 규모의 빌딩 신축은 오퍼튜니스틱 투자가 아니라 밸류애드 투자로 보는 것이 타당하다.

[그림 4-4] 공릉동 신축 전 / 후

[그림 4-5]는 임차인 변경으로 큰 시세차익을 거둔 사례다. 공실이 많은 빌딩은 눈여겨 볼만한 사례로 생각된다.

소재지	서울시 강남구 삼성동
대지면적	1,012m²
빌딩 연면적	15,074m²
매입가격	17년 06월 매입가 740억 원
매각가격	19년 05월 매각가 1,201억 원
비고	개인 투자자가 투자하기는 어려운 규모의 빌딩이다. 하지만 임차인 변경만으로도 이렇게 큰 매각차익을 얻을 수 있음을 보여주기 위한 예로 설명한다. 해당 빌딩의 경우 중구난방으로 구성된 임차인을 모두 명도하고 빌딩 전체를 단독 임차인으로 바꿈으로써 가치를 상승시킨 사례다. 단 2년만에 자기자본의 200% 이상을 벌어들인 투자다. 중소형 빌딩도 충분히 벤치마킹할 수 있는 사례다.

[그림 4-5] 임차인 교체를 통한 밸류애드 사례

5

10분이면 끝나는
빌딩 가치 산정법

아파트는 같은 단지, 같은 동, 같은 층, 같은 평수의 아파트가 얼마에 팔렸느냐에 따라서 아파트 가격이 결정된다. 같은 평수의 옆집, 윗집, 아래집이 얼마에 팔렸느냐에 따라 아파트 가격이 정해진다. 3,000세대 아파트 단지에 한 채만 팔려도 3,000세대 전체아파트 가격이 변한다. 내부 인테리어에 따라서 조금의 증감은 있을 수 있지만 큰 틀에서는 동일하다. 또 임차인의 전세 보증금이 얼마인지, 월세가 얼마인지 하는 요소들도 아파트 가격을 결정하는데 큰 영향을 미치지 못한다. 다만 높은 전세 보증금 또는 높은월세 수입은 아파트가 팔리는 속도에는 영향을 미친다.

거래사례비교법에 의한 가치산정

빌딩시장에서도 옆 빌딩이 얼마에 팔렸는지는 중요하다. 아파트처럼 유사성이 매우 강하지는 않지만 인근 거래 사례는 분명히 해당 빌딩 가격에 영향을 미친다. 그런데 대형 빌딩과 중소형 빌딩은 비교 기준이 다르다. 대형 빌딩의 경우 지상층, 지하층 구분 없이 모든 층의 바닥 면적을 더한 면적인 연면적 기준 단가를 산정하여 비교하고 중소형빌딩의 경우 토지면적 기준 단가를 산정하여 비교하는 경우가 많다.

① 여의도에 있는 연면적 33,058m² 빌딩이 지난 달 3000억에_{연면적 기준 3.3m²당 3천만 원} 팔렸다면 여의도에 있는 연면적 42,975m² 빌딩은 얼마일까? 가장 직관적으로 알 수 있는 가치산정법이다. 빌딩의 지역, 규모, 사용용도, 관리상태 등이 유사하다면 연면적 기준 3.3m²당 3천만 원을 적용할 수 있을 것이다. 3천만 원 × 13,000_{3.3m²} = 3,900억 원으로 예상된다. 하지만 특정지역의 거래가 없을 경우 거래사례비교법에 의한 가치산정은 어렵고, 거래가 일어난 시기에 상당한 차이가 있으면 시점보정을 해 주어야 한다.

② 경기도 수원역 상권에 위치한 대지면적 330m², 연면적 165m²인 빌딩이 이번 달에 50억 원에 팔렸다면 동일한 상권내 유사한 위치에 있는 대지면적 231m², 연면적 180m²인

빌딩의 가격은 얼마일까? 이번에도 해당 사례를 적용하기 위해서는 빌딩의 지역, 규모, 사용용도, 관리상태 등을 먼저 확인해서 유사성을 확인해야 한다. 만약 빌딩의 지역, 규모, 사용용도, 관리상태 등이 유사하다면 사례와 동일한 대지면적 기준 $3.3m^2$당 5천만 원을 적용하여 $70_{3.3m^2}$ × 5천만 원 = 35억 원이 예상된다. 거래사례비교법에 의한 가치 산정은 가장 유사한 거래 사례를 추출하는 것이 핵심이다. 비교대상이 되기 어려운 빌딩을 사례로 가지고 와서 비교하면 결과는 엉터리가 나올 수밖에 없다.

수익환원법에 의한 가치산정

추가로 빌딩 가격산정은 아파트 가격산정과 다르게 수익환원법도 거래사례비교법과 함께 고려되어야 한다. 아파트에 투자하는 투자자들은 운영 수익보다는 매매차익을 목적으로 하는 경우가 많지만 빌딩에 투자하는 투자자들의 목적은 운영 수익도 상당한 비중을 차지한다. 그래서 수익환원법이 중요하게 사용된다.

빌딩 가격 (V) = 순영업소득 (NOI) / 자본환원율 (CAP RATE)

순영업소득은 향후 1년간 받게 될 총수입에서 공실로 인한 손실과 운영비용을 제외한 소득이고, 자본환원율은 미래추정이익을 현재가치로 전환하기 위해 적용하는 할인율을 말한다. 쉽게 말하면 순영업소득이란 공실을 감안한 임대수입에서 운영비를 제외한 수입이고 자본환원율은 요구수익률과 비슷한 개념으로 이해하자.

① 앞에서 사용한 여의도에 있는 연면적이 42,975m²인 대형빌딩의 사례를 보자. 해당 빌딩의 전체 보증금은 100억 원이고 매월 들어오는 월세는 11억 원이다. 관리비는 매월 4억 원이 들어오지만 매월 3억 원은 실제로 빌딩을 관리하는 인건비, 수선유지비, 소모품비 등으로 지출된다. 여의도는 수익률 4.0%에 매매된다고 가정하면 이 빌딩의 수익환원법에 의한 가격은 얼마일까?

순영업소득 = 12억 원 × 12 = 144억 원
자본환원율 = 4.0%
가격 = 144억 원 / 4.0% + 100억 원 = 3,700억 원

② 이번에는 앞에서 사용한 수원역 상권 사례다. 이 빌딩의 보증금 1억 원, 월세 1,300만 원, 관리비 400만 원에 임대되었다. 매달 지출되는 관리비는 400만 원이고 수원역 상권은 수익률 5%에 매매가 된다고 가장하자. 수익환원법에 의한 빌딩의 가격은 얼마가 적당할까?

순영업소득 = 1,300만 원 × 12 = 1억 5,600만 원
자본환원율 = 5.0%
가격 = 1억 5,600만 원 / 5.0% + 1억 원 = 32억 2,000만 원

복합적 가치산정

빌딩 가격 산정에 있어서는 거래사례비교법과 수익환원법은 동시에 고려해야 한다. 거래사례비교법만 고려한다면 신용도 높은 임차인과 장기 계약한 효과를 반영할 수 없고, 수익환원법만 고려한다면 임대차 계약의 왜곡이 빌딩 가격에 그대로 영향을 미친다.

원가법에 의한 가치산정 방법도 고려할 수 있지만 도시의 빌딩 가치 산정에 있어서는 거래사례비교법과 수익환원법이 더 많이 사용된다.

상가를 분양 받는 분양자들은 대부분이 운영 수익에 목적을 둔다는 것을 노리고 상가 분양에서 자주 사용하는 수법이 확정수익 보장이다. '2년간 7% 수익 확정'과 같은 홍보 문구는 흔히 들어봤을 것이다. 지금은 이런 문구는 사기에 가깝다는 깃이 밝혀졌지만 한때 상가분양을 위한 필수 문구였다.

빌딩의 경우도 이런 일이 가끔 발생한다. 다른 빌딩보다 유난히 수익률이 좋은 빌딩이 매물로 나오는 경우가 있다. 이런 경우 자세히 살펴보면 매매가격이 다른 유사 빌딩보다 저렴해서 수익률이 높은 것이 아니라 임대료가 시장 임대료보다 지나치게 높아서 수익률이 높아진 경우가 대부분이다. 수익환원법에 의한 가치평가만으로 접근하면 아무 문제가 없을 수 있지만 거래사례비교법으로 본다면 시장평가 금액에 비해 지나치게 높은 금액일 것이다. 거래사례비교법으로 저렴한 매물을 찾아서 수익성을 개선하는 것이 지금 당장 높은 수익률의 빌딩을 사는 것보다 안전하고 올바른 투자법이다.

① 여의도 빌딩의 경우 거래사례비교법과 수익환원법을 복합적으로 이용한 빌딩 가격을 산정해 보자. 최근의 빌딩 매매 시장 분위기는 연면적 기준 가격보다는 수익에 초점이 맞춰지고 있다. 따라서 여의도 빌딩의 경우 수익환원법을 60%, 거래사례비교법을 40% 적용하기로 했다면 복합적 판단에 의한 여의도 빌딩 가격은 얼마일까?

수익환원법에 의한 가격 3,700억 원 × 60% + 거래사례비교법에 의한 가격 3,900억 원 × 40%
= 2,220억 원 + 1,560억 원
= 3,780억 원

이다.

② 앞 수원역 사례에서 거래사례법과 수익환원법을 이용한 빌
   딩 가격은 얼마일까? 현재의 시장분위기 및 지역의 상황
   을 감안할 때 수익환원법 55%, 거래사례법 45%를 적용하기
   로 했다면 복합적인 판단에 의한 수원역 상권 빌딩 가격은
   얼마일까?

   수익환원법에 의한 가격 32억 2,000만 원 × 55% + 거래사례
   비교법에 의한 가격 35억 원 × 45%
   = 17억 7,100만 원 + 15억 7,500만 원
   = 33억 4,600만 원

이다.

6

급매물이
나에게 오게 하는 방법

부동산 경기는 호황기와 불황기를 반복한다. 경기의 호황과 불황에 따라 매도인 우위 시장과 매수인 우위 시장도 반복된다. 호황기는 매도인 우위 시장이고 불황기는 매수인 우위 시장이다. 매도인과 매수인은 시장의 환경에 따라 매도, 매수기법도 달리해야 한다. 그럼 먼저 매도인 우위 시장의 경우를 살펴보자.

매도인 우위 시장이란 '매도인의 협상력 > 매수인의 협상력'이라는 말이다. 빌딩 매매시장에서는 매도인 우위 시장인 시기가 훨씬 길다. 매수인 우위 시장은 불황기에 잠깐 올 뿐이다. 이 말은 빌딩 매매시장에서는 일반적으로 매도 물건이 귀하고 매수인은 많다는 것이다.

빌딩 매도인은 아파트를 공급하는 건설회사처럼 거의 무한대의 빌딩을 가진 사람들이 아니다. 겨우 1~2채를 가진 건물주일 뿐이다. 이론상 건설회사처럼 거의 무한대의 빌딩을 공급하는 매도인은 가격이 상승하는 시기에도 각각의 금액대에서 단계별로 팔아 내는 것이 목표다. 반면 1~2채를 가진 건물주들이 빌딩을 팔려고 할 때는 어떻게 해서라도 최고가에서 매각하려고 한다. 이것은 매도인들의 당연한 본능이다. 또 임대차에서는 한 번 실수를 하더라도 시간이 지나면 만회할 기회가 있지만, 매각에서는 실수를 하게 되면 다시는 회복할 길이 없다. 그래서 신중하고 더 많은 욕심을 낸다.

이때 시장은 추격매수 시장이 된다. 매도인 1명에 매수인 다수가 경쟁하는 형태다. 매도인은 수시로 조건을 변경한다. 가령 5명의 매수인이 있는 시장이라면 1명의 매수인이 남을 때까지 가격을 올린다. 가격이 급등하는 시기에는 매매계약을 하는 자리에 앉아서도 가격을 올리는 경우도 있고, 아예 약속한 계약 장소에 나타나지 않는 경우도 있다. 이것은 공급에 한계가 있는 개인이 공급자가 되는 시장이라서 일어나는 일이다.

매수인 우위 시장은 반대로 '매수인의 협상력 > 매도인의 협상력'인 상황이다. 2008년 금융위기, 2022년~2023년 금리급등 시기가 여기에 해당한다.

이 시기 빌딩 매매시장은 급매 위주의 거래가 일어난다. 하지만 이상하게도 많은 매수인들은 급매물은 구경도 못했다고 불평한다. 모든 매수인들이 급매물을 원하지만 실제로 거래되는 급매물은 언론에만 있는 것 같다고 투덜댄다. 하지만 자신에게 급매물이 오지 않는 것은 자신의 거래 습관 때문임을 명심하자.

공산품의 경우 매도인이 먼저 가격을 책정해서 시장에 물건을 내놓는다. 평상시에는 매도인이 제시한 가격에 거래가 되고 세일 기간에만 특별히 저렴한 가격에 거래되는 것이 규칙이다 공산품이 아닌 부동산도 이런 형태로 거래되는 것에 익숙하다. 정찰제가 아닌 재래시장에서의 흥정이 부동산 시장에 적용되고 있다. 매수인은 수동적이다. 먼저 가격을 제시하는 것을 극도로 꺼린다. 언제나 협상의 시작은 매도인이 제시하는 가격에서 시작한다. 앞에서 말했듯이 1~2채 빌딩을 가진 매도인은 어떤 상황에서도 최고가를 받는 것을 목표로 한다. 죽을 정도로 급하지 않으면 먼저 할인된 금액을 제시하지 않는다. 매수인은 재래시장에서의 흥정처럼 매도인이 제시한 가격에서 얼마를 깎아달라고 표현하는 것이 전부다. 상승하는 시기에는 이런 협상법이 맞다. 하지만 침체기인 매수인 우위 시장에서는 이런 협상법은 틀렸다.

호황기에 매도인이 최고가를 제시하는 매수인 한 명 찾기 게임을 하는 것처럼 매수인 우위 시장에서는 매수인이 원하는 금액까지 낮춰 줄 가장 급한 매도인 한 명 찾기 게임을 해야 한다. 여러 빌딩 매도 물건에 매도인의 금액이 아닌 매수인이 판단하는 적정 금액을 제시해야 한다. 이 조건을 받아줄 단 하나의 빌딩을 찾는 것이다. 한 번, 두 번, 세 번 계속해서 협상에 임해야 한다. 그냥 가만히 있는데 급매물이 스스로 찾아 오는 법은 없다. 급매물은 오는 것이 아니라 만들어 내는 것이다.

급매시장에서 가격 제시

부동산 침체기의 경우다. A라는 투자자는 은행 대출이자를 감안해 4%이상의 수익률이 나오는 빌딩을 사고 싶어한다. 오늘 공인중개사 사무실에서 소개받은 빌딩은 지하1층~지상5층 빌딩인데 5층은 공실이지만 만실시 보증금 1억 1,000만 원, 월세 1,100만 원, 관리비 300만 원을 받을 수 있다고 한다. 매매가는 35억 원이고 공실인 5층은 보증금 1,000만 원, 월세 100만 원, 관리비 50만 원으로 홍보중이다. 매달 지출되는 비용은 250만 원 정도다. A의 조건을 충족하려면 빌딩 가격으로 얼마를 제시해야 할까?

순영업소득 = (1,100만 원 + 300만 원 - 100만 원 - 50만 원
　　　　　　 - 250만 원) × 12개월 = 1억 2,000만 원
요구수익률 = 4%
가격 = 1억 2,000만 원 / 4% = 30억 원

보증금의 경우 투입비용에서 제외할 수도 있고, 계약만료 시 돌려줘야 하는 돈이므로 은행에 보관한다는 가정하에서 은행 예금 이자수입만큼 수입으로 잡는 경우도 있다.

보증금을 투입비용에서 제외했다면 가격 = 30억 원 + (1억 1,000만 원 - 1,000만 원) = 31억 원이다. 만약 보증금을 은행에 보관하고 예금 이자율이 3%라고 가정하면 년간 수입은 300만 원이고 300 / 4% = 7,500만 원이다. 30억 원 + 7,500만 원 = 30억 7,500만 원이다. 즉 매수가격을 30억 7,500만 원 ~ 31억 원으로 제시하면 매수자의 A씨의 조건을 충족할 수 있다.

리모델링을 위해 1차적으로 검토해야 할 사항

리모델링이 가능한지, 불가능한지를 확인하기 위해서는 전문가의 도움을 받아야 한다. 개인적으로 많은 지식과 경험이 있다고 하더라도 계약하기 전에는 반드시 전문가의 의견을 들어야 실수하지 않는다. 그렇다고 검토하는 건건이 전문가에게 의뢰하기는 좀 어려울 수 있다. 그래서 이번에는 리모델링을 하기 위해 빌딩을 매입한다면 1차적으로 검토해야 할 내용을 알아보려 한다.

가장 중요한 것은 빌딩의 구조다. 빌딩의 구조는 큰 틀에서 나누면 라멘구조와 벽식구조가 있다. 라멘구조는 골조의 뼈대가 기둥과 보로 이루어진 구조로 우리나라 상가나 빌딩에 많이 적용된다. 내부에 벽이 없으므로 공간 활용도가 높고 공간 변형이 쉽다.

반면 벽식구조는 골조의 뼈대가 기둥과 보 대신 벽체로 이루어진 형태를 말한다. 우리나라 단독주택이나 공동주택에 많이 사용되는 구조로 내부의 벽을 기준으로 공간을 분할하고 그 벽체를 이용해 지붕이나 위층을 지지하는 방법이다. 벽을 움직이지 못하기 때문에 공간 변형이 불가능하다.

리모델링을 한다면 라멘구조가 편리하다. 기둥과 보로 구성된 부분을 제외하고는 모두 새롭게 고칠 수 있다. 공간의 변형도 얼마든지 가능하다. 그렇다면 벽식구조는 리모델링이 불가능한가? 그렇지는 않다. 과거에는 내력벽은 절대 철거할 수 없다고 했지만 지금은 기술이 발전하면서 내력벽이라도 철거할 수 있다. 다만, 보강작업을 해야 하기 때문에 비용이 많이 든다.

다음으로 점검해야 할 포인트는 주차장 설치 가능성이다. 대부분의 투자자들은 건축물대장에 나오는 용적률과 해당지역 조례의 용적률 차이로 증축을 할 수 있고 없음을 판단한다. 하지만 실질적으로 증축을 가로막는 가장 큰 요인은 주차장이다. 주차장 규정은 주차장법 시행령에 규정되어 있고 다시 각 시, 도 조례에 규정되어 있다.

시설물	설치기준
제1종근린생활시설, 제2종근린생활시설	134m²당 1대
업무시설	100m²당 1대
문화집회시설, 판매시설, 의료시설	100m²당 1대

[도표 4-2] 서울시 주차장 설치 기준 중 일부

일반적인 빌딩 증축의 경우 시설물은 제1종근린생활시설, 제2종근린생활시설, 업무시설이 대부분이다. 만약 근린생활시설 용도로 한 개 층 134m² 만큼 증축을 한다면 1대의 주차장 면적을 확보해야 한다. 기계식 주차나 빌딩 지하에 주차장이 있는 경우는 주차장 추가 확보가 손쉽게 가능하겠지만 1층 옥외 자주식 주차로 사용하는 빌딩이라며 추가 주차장 면적을 확보하는 것이 불가능한 경우가 많다.

그리고 주차장 면적을 추가로 확보할 수 있다고 하더라도 지상 1층의 일부분을 희생해야 하는 형태라면 무작정 증축을 결정할 것이 아니라 상층부와 지상 1층에서 받을 수 있는 임대료를 비교 분석 후 유리한 쪽으로 결정해야 한다.

마지막으로는 엘리베이터 설치 공간 확보 가능성이다. 오래된 빌딩에는 엘리베이터가 없는 경우가 많다. 이로 인해 상층부가 공실로 방치되거나 아주 저렴하게 임대되기도 한다. 그래서 수익률 개선을 위해서는 반드시 엘리베이터가 필요하다. 통상적으로는 계단실 뒤쪽에 위치한 화장실을 다른 곳으로 이전하고 이 자리에 엘리베이터를 설치한다. 만약 실내에 적당한 엘리베이터 설치 장소를 못 찾았다면 외벽에 설치하는 것도 고려해 볼만하다.

돈, 지식, 경험이
부족할 땐
공동투자로 모아라

최근 펀드, 리츠, 조각투자와 함께 투자모임에서의
개인간 공동투자도 늘어나고 있다. 공동투자의 특징과
어떻게 하면 안전하게 공동투자를 진행할 수 있는지 알아보자.

1

정부가 추천하는
공동투자

소액으로도 부동산에 투자할 수 있는 상품이 리츠REITs , 부동산
펀드다. 리츠와 부동산펀드는 다수의 투자자로부터 자금을 모아
서 부동산에 투자, 운영하고 수익을 투자자에게 돌려주는 주식회
사 또는 금융상품을 의미한다. 리츠와 부동산펀드는 임대료가 발
생하는 실물 부동산, 부동산 개발사업, 부동산관련 증권 등에 투
자한다. 큰 돈이 들어가서 개인이 투자하기 힘든 대형빌딩, 쇼핑
몰, 호텔, 물류센터 등에 투자하고 수익을 투자자들에게 돌려준다.

[도표 5-1]은 부동산펀드 구조에 대한 그림으로 참여자와 돈의
흐름을 보여준다.

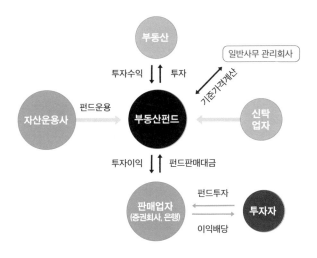

[도표 5-1] 부동산펀드 구조 (출처:코람코자산운용)

우리나라 사람들이 가장 선호하는 자산관리 수단은 부동산이다. 국가별 자산 포트폴리오를 보더라도, 미국은 전체 자산에서 부동산이 차지하는 비율이 30% 정도인데 비해서 우리나라는 전체 자산의 70%에 가까운 비율이 부동산이 차지한다. 이렇게 좋아하는 부동산 투자를 적은 돈으로 할 수 있게 해 주는 제도가 리츠, 부동산펀드다. 부동산펀드, 리츠는 '여러 명의 투자자로부터 자금을 모은다. → 부동산에 투자한다. → 수익을 나눈다'. 한마디로 리츠나 부동산펀드는 부동산 공동구매다.

그렇다면 돈이 많기로 소문난 대형 연기금과 공제회가 부동산펀드나 리츠에 투자하는 이유는 뭘까? 그냥 혼자서 사고 혼자서 운영하고 혼자서 팔면 더 좋지 않을까? 왜 굳이 운용기간이 정해져 있는 부동산펀드나 리츠에 공동 투자하는 것일까?

부동산펀드, 리츠의 장점

첫째, 투자의 다양성 확보다. 아무리 큰 대형 연기금이나 공제회라도 돈이 무한대로 있지는 않다. 부동산에 투자해야 하는 돈은 정해져 있다. 이 정해진 돈으로 리스크는 최소화하면서 최고의 성과를 올려야 한다. 만약 1천억 원의 운영자금이 있다고 할 때, 하나의 빌딩에 1천억 원을 투자하는 것이 아니라 다른 연기금이나 공제회와 공동투자를 통해 1백억 원씩 10개의 빌딩에 투자하는 것이 리스크 면에서 안전하고 수익면에서도 안정적인 수익을 올릴 수 있다. 또 한 회사나 개인이 단독 투자만 고집한다면 매물을 확보하고 매수할 수 있는 기회를 꾸준히 확보하기 어렵다. 만약 1천억 원이 있는 투자자가 한 빌딩에 전부 투자했다면 이 투자자는 그 빌딩을 매각할 때까지 투자 기회를 상실한다. 아무리 좋은 빌딩이 급매물로 나와도 투자할 기회가 없다. 기관투자자들은 펀드, 리츠를 통해 공동투자하면서 또 다른 기회를 기다린다.

두 번째, 전문성이다. 리츠와 부동산펀드를 운영하는 자산관리회사, 자산운용사는 전문적인 투자와 관리를 한다. 그냥 주먹구구식으로 하는 것이 아니라 각 부문 전문가와 협업을 통해 가장 합리적인 운영을 추구한다. 단독으로 직접 매입해서 운영하고 매각하는 것을 개인들은 선호한다. 하지만 이런 투자는 전문성이 떨어진다. 모든 투자를 단독으로 하면서 모든 빌딩을 직접 다 관리해야 한다면 할 일이 차고 넘칠 것이다. 투자자는 투자 판단을 잘 내려야 한다. 관리나 운영은 관리나 운영을 전문적으로 하는 회사에 맡기고 투자자는 투자 판단에 모든 노력을 쏟아야 한다.

마지막 세 번째는 투명성이다. 펀드와 리츠는 정부 기관의 관리와 통제를 받고 법에 정해진 운영규정을 가지고 있다. 그래서 법에 어긋나는 행위나 오해의 소지가 있는 행위는 철저히 배제한다. 공동구매에서 가장 중요한 요소일 수도 있다.

부동산펀드, 리츠의 단점

하지만 부동산펀드나 리츠도 단점은 있다. 부동산펀드나 리츠에는 관여하는 사람들이 많다. 관여하는 사람이 많다는 것은 그만큼 비용이 많이 들어간다는 것이다. 투명성과 전문성을 확보하기 위해서지만 비용의 증가는 어쩔 수 없는 부작용이다. 이것보다 더 큰 단점은 공모의 경우 주인이 없다는 것이다. 소수의 기관투자자가 참여하는 사모의 경우 각 투자자가 주인역할을 하지만 공모의 경우는 다르다. 너무 많은 투자자가 참여하기에 오히려 운영사가 주인 같다. 물론 운영사가 투자자를 위해 올바른 판단을 잘 해 줄 것으로 믿는다. 하지만 투자자가 아닌 운영사를 위한 결정은 아닌지 하는 의구심은 없앨 수 없다.

그렇다면 큰 돈이 없는 소액 투자자는 리츠나 부동산펀드에 투자하라는 것이 결론인가? 아니다. 당연히 아니다. 리츠, 부동산펀드에 투자를 하라는 것이 아니라 그 형식을 빌리자는 것이다. 돈이 많아서 혼자 빌딩 투자를 하겠다고 생각하는 투자자는 그냥 하던 대로 하면 된다. 하지만 직장인과 같은 일반인은 혼자 투자할 큰 돈도 없고, 매입 후 관리도 쉽지 않다. 그래서 부동산펀드나 리츠에서 사용하는 형식을 빌려서 최대한 안전하고 투명하게 투자를 하면서 비용은 줄이자는 것이다.

2

대출은 수시로
얼굴을 바꾼다.

부동산 투자의 가장 큰 단점은 큰 돈이 든다는 것이다. 그래서 필연적으로 타인자본을 많이 이용할 수밖에 없다. 지금까지 알려진 타인자본의 대표는 은행 대출과 전세 보증금이다. 아파트 투자에서는 은행 대출보다 이자가 없는 타인자본인 전세 보증금을 많이 활용한다. 전세가가 올라서 매매가와 차이가 줄어드는 시기에는 최소한의 자기자본으로 최대한의 타인자본을 이용할 수 있기 때문에 갭투자가 증가한다. 또 지난 코로나 팬데믹 저금리 시기에 빌딩 거래가 급격히 늘어난 이유 중 하나도 부담없는 대출이자 덕분에 타인자본을 최대한으로 이용할 수 있었기 때문이다.

아파트의 경우 투기를 막기위해 은행 대출 총액에 대한 제한을 둔다. 특정 지역과 특정 금액 초과 아파트에 대해서는 대출 자체가 금지되기도 한다. 이에 비해 빌딩에 대한 대출 제한은 거의 없다. 또 임대차 계약의 경우도 전세가 아니라 월세가 일반적이어서 은행 대출을 적극적으로 활용한다. 빌딩 매매 시장에서는 매매금액의 50~80% 내외의 금액을 대출로 조달하는 것이 일반적이다.

2023년 부동산 시장에서 가장 많이 언급된 단어는 '대출금리'일 것이다. 2022년 상반기까지만 하더라도 2~3%에 불과했던 대출금리가 2023년 5~6%까지 치솟았다. 아파트 매매 시장에서는 급격한 금리상승으로 대출금리를 감당하지 못한 급매물이 나오면서 가격이 30% 이상 하락하는 경우도 발생했다. 빌딩 매매 시장도 아파트 매매 시장과 유사하게 치솟은 대출금리를 감당하지 못하는 영끌 꼬마빌딩이 급매물로 나올 것이라는 의견이 많았다. 그들이 말하는 논리는 이렇다.

2022년 상반기에 서울에 있는 20억 원짜리 빌딩을 매입했다면 보증금 5000만 원, 월 임대료 500만 원, 월 관리비 100만 원 정도일 가능성이 높다. [도표 5-2]에서 보는 바와 같이 매매금액의 60%를 대출금리 3.0%로 조달했다면 매월 지불해야 할 대출이자는 300만 원이다. 8억 원의 자기자금으로 20억 원짜리 빌딩을 사서 매월 200만 원의 수익이 발생하는 상황이다. 여기서 대출금리가 5%로 상승한다면 대출이자는 월 500만 원으로 상승하고 매월 수익은 0원으로 전락한다.

매입금액 : 20억 원, 월 임대료 500만 원, 월 관리비 100만 원			
대출금액	12억 원	대출금액	12억 원
대출금리	3.0%	상승한 대출금리	5.0%
대출이자	3백만 원/월	상승한 대출이자	5백만 원/월
수익	2백만 원/월	상승 후 수익	0원

[도표 5-2] 매매금액의 60% 대출시 대출금리와 수익

공격적으로 빌딩에 투자한 투자자라면 상황은 더 심각해진다. 영끌 투자자는 운영 수익보다는 매매차익을 목적으로 투자한다. 그래서 대출을 받을 수 있는 최대치를 받는다. 20억 원짜리 빌딩을 매입하면서 80% 이상 대출을 활용했을 가능성이 높다. [도표 5-3]에서 보는 바와 같이 대출금리가 오르기 전에는 월 400만 원의 이자를 낼 수 있었다. 하지만 대출금리가 4%까지만 올라도 월 임대료를 초과한다. 빌딩에서 나오는 수익으로 이자 감당이 안 되는 것이다. 5%로 올라가면 매월 166만 원을 외부에서 조달해 은행에 갖다 바쳐야 한다. 이런 빌딩이 급매물로 나올 것이라는 예상이다.

매입금액 : 20억 원, 월 임대료 500만 원, 월 관리비 100만 원			
대출금액	16억 원	대출금액	16억 원
대출금리	3.0%	상승한 대출금리	5.0%
대출이자	4백만 원/월	상승한 대출이자	666만 원/월
수익	1백만 원/월	상승 후 수익	-166원

[도표 5-3] 매매금액의 80% 대출시 대출금리와 수익

실제로 아파트 시장에서는 전세가 폭락이라는 사태가 일어났다. 임차인들은 높은 대출금리 때문에 전세자금 대출을 받는 것보다는 월세를 내는 것이 유리하다고 판단했다. 그래서 전세를 떠나 월세로 이동했다. 결과적으로 기존 임차인이 내던 보증금보다 신규 임차인이 내는 보증금이 더 적은 역전세가 발생했다. 전세 보증금이라는 무이자 타인자본을 활용한 갭투자가 망하는 순간이다. 이런 갭투자 아파트는 급매물로 변했고 아파트 매매가격은 30% 이상 폭락했다. 하지만 빌딩 매매 시장에서는 이런 일이 발생하지 않았다. 급매물을 기다리는 잠재 매수인들에게는 불행한 일이지만 빌딩 매매 시장에서는 극히 일부의 빌딩만 급매물로 변했다. 그런데 왜 아파트 시장에서 일어났던 폭락이 빌딩 매매 시장에서는 일어나지 않았을까? 이유는 간단하다. 수입이 늘었기 때문이다. 아파트는 역전세가 일어났지만 빌딩은 임대료가 오르면서 수입이 늘었다.

2022년 상반기에 서울에 있는 20억 원짜리 빌딩을 보증금 5,000만 원, 월 임대료 500만 원, 월 관리비 100만 원 조건으로 매입했다. 22년 상반기 매매금액의 80%를 대출금리 3.0%로 조달했다. 이후 기준금리 인상으로 대출금리는 5%로 상승하면서 대출이자도 666만 원으로 상승했다. 월 임대료가 고정이라면 월 임대료로 이자가 감당이 안 되는 상황이지만 임대료가 700만 원으로 올랐다. 실제로 서울 빌딩 시장에서 2023년에 일어난 일이다. 꼬마 빌딩 임차인들의 임대료가 50% 이상 상승했다. 임대차 계약 만료 후 신규 임대차 계약 체결은 곧 임대료 수입의 폭발적 상승으로 이어졌다.

빌딩 영끌 투자자들에게는 운이 좋았다는 말 밖에 할 말이 없다. 누구도 예상하지 못한 임대료의 급상승이 연출된 것이다. 미국과 유럽의 경우 공실의 압도적 증가로 빌딩 가격이 폭락했다. 하지만 서울의 경우 0%대 공실률을 기록하면서 임대료 상승의 기회를 제공했다. 정말 운이 좋았다. 하지만 다음에도 이런 일이 반복될 것으로는 생각하지 않는다. 영끌 투자가 가지는 위험은 너무 높다. 시장이 부정적인 방향으로 조금만 변해도 큰 충격을 받을 수밖에 없다. 하지만 빌딩 투자를 하면서 대출을 전혀 받지 않는 것은 상상하기 힘들다. 대출은 빌딩 투자의 필수품이다. 대출이 없으면 빌딩 투자 기회가 대폭 줄어들고 수익률도 하락한다. 전문 투자 상품인 부동산펀드와 리츠도 자기자본 수익률을 극대화하기 위해 대출을 최대한으로 활용한다.

모든 투자에는 리스크라는 변동성이 존재한다. 빌딩 투자에도 당연히 변동성이 존재한다. 대출금리 변동이 그렇고 임대료 변동, 임대율 변동, 건축비 변동이 그렇다. 저금리 시기에 지레 겁먹고 레버리지를 최대한 활용하지 않는 것은 멍청한 짓이다. 하지만 시장의 변화에 대응할 수 없을 정도로 영끌 투자하는 것은 더 멍청한 짓이다. 언제나 현금 30%를 남겨두라는 투자 격언을 기억하자.

3

남의 돈을 지렛대로
활용하라

타인자본의 대표선수는 대출금이다. 빌딩투자에서 대출은 필수품 중 하나다. 하지만 2022~2023년 급격한 대출금리 상승 리스크를 경험했다. 다수의 투자자들은 과도한 대출이 위험하다는 것을 알지만 현실에서는 모자란 자기자본을 메울 수 있는 것은 대출밖에 없다고 생각한다. 하지만 조금만 고개를 돌리면 '공동투자금'이라는 훌륭한 타인자본을 찾을 수 있다. 이제부터 빌딩을 매입할 때 필요한 자금과 공동투자금에 대해서 알아보자.

만약 서울시에 위치한 매매가격이 50억 원인 빌딩을 산다고 했을 때 내 돈은 얼마나 있어야 할까?

빌딩 소재지	서울
사용승인일	2023년
대지면적	165m², 건물 연면적 : 430m²
임대 보증금	2억 원, 월 임대료 : 1천5백만 원 (부가가치세 별도)
매매가	50억 원 (부가가치세 별도)
감정평가금액	48억 원

먼저 매수주체가 법인인 경우다. 대출은 매매가가 아닌 감정평가금액이 기준이다. 매수 주체가 법인이기 때문에 임대업이자상환비율RTI 적용은 배제된다. 법인의 신용도, 법인 대표이사의 연대보증, 공동담보 제공 등 대출금액을 산정하는데 영향을 주는 요소는 많지만 여기서는 단순히 담보인정비율LTV 60%로 가정하자. 실제 현장에서는 70%~80%까지도 진행 되는 경우가 많다.

대출 가능 금액 : 48억 원 × 60% = 28억 8,000만 원
일반 취득세 : 50억 원 × 4.6% = 2억 3,000만 원

대도시과밀억제권역에서 산업단지 제외내에서 법인 설립 후 5년을 경과하지 않은 법인이 부동산을 취득할 경우 중과규정이 적용된다. 중과 취득세율은 9.4%다.

중과 취득세 : 50억 원 × 9.4% = 4억 7,000만 원

중개수수료, 법무사 비용 : 50억 원 × 1% = 5,000만 원

2023년에 신축한 빌딩이라면 매매금액은 토지와 건물로 안분했을 때 건물 비중이 상대적으로 높을 것이다. 건물분 부가세는 1억 원 정도로 예상하자. 해당 부가가치세 흐름은 [매수자 → 매도자에게 지급 → 매도자 세무서 납부 → 매수자에게 환급]의 구조다.

그럼 대도시내에서 설립 5년을 경과한 법인이 50억 원짜리 빌딩을 매입할 때 가지고 있어야 할 현금은 [매매가격 50억 원 - 대출금 28억 8,000만 원 + 취득세 2억 3,000만 원 + 수수료 5,000만 원 + 건물분 부가가치세 1억 원 - 승계 임대차 보증금 2억 원 = 23억 원]이다.

대도시내에서 설립 5년 경과한 법인이 50억 원짜리 빌딩을 매입하는 경우 필요한 현금은 23억 원이고 5년이 경과하지 않은 법인이라면 25억 4,000만 원이 필요하다.

그럼 이번에는 개인인 경우를 보자. 개인이 대출을 받기 위해서는 임대업이자상환비율RTI이 적용된다. 구하는 방법은 연간 임대소득을 연간 이자 비용으로 나눈 수치다. 은행에서는 통상 임대업 이자상환비율RTI 1.5 이상을 요구한다.

대출 이자율은 5%로 가정하자. 연간 임대료는 1억 8,000만 원이다. 년간 이자 비용이 1억 2,000만 원 이하여야만 임대업이자상환비율RTI 1.5를 충족한다. 대출가능금액은 담보인증비율LTV 60%를 충족하고 임대업이자상환비율RTI 1.5 이하를 충족해야 한다. 담보인증비율LTV 60% = 28억 8,000만 원, 임대업이자상환비율RTI 1.5 이하 = 24억 원이다. 대출가능금액은 둘 중 낮은 금액인 24억 원이다.

개인이 50억 원짜리 빌딩을 매입할 때 필요한 현금은 27억 8,000만 원이다.

[매매가격 50억 원 - 대출금 24억 원 + 취득세 2억 3,000만 원 + 수수료 5,000만 원 + 건물분 부가가치세 1억 원 - 승계 임대차 보증금 2억 원 = 27억 8,000만 원]이다.

빌딩 투자의 가장 큰 약점은 돈이 많이 들어간다는 것이다. 안정적인 운영 수익과 매매차익을 누릴 수 있는 빌딩 투자지만 현금이 부족해서 투자를 못한다. 그렇다고 대출을 최대한으로 받는 영끌 투자는 금지다. 영끌 투자는 시장의 변화에 대응이 불가능하다. 다른 타인자본을 생각해 보자. 타인 자본이 유일하게 은행 대출만 있는 것은 아니다. 가장 좋은 타인 자본은 바로 파트너가 투자하는 '공동투자금'이다. 파트너의 공동투자금은 이자가 전혀 발생하지 않고, 역전세처럼 프로젝트가 진행되는 도중에 돈이 줄어들 염려도 없는 아주 훌륭한 타인자본이다.

앞에서 알아본 바와 같이 50억짜리 빌딩을 대도시내에서 설립 5년이 경과한 법인이나 대도시 밖에서 설립한 법인이 대도시내 부동산을 임대용으로 매입한다면 필요한 자기자본은 23억 원이 다. 단독투자를 가정하면 23억 원을 혼자서 가지고 있어야 한다. 이런 사람은 대한민국 1%에 들 정도로 희소할 것이다. 하지만 비슷한 투자목적을 가진 사람 5명이 모인다면 각자 투자해야 하는 금액은 4억 6,000만 원으로 뚝 떨어진다.

공동투자금은 이자도 없고 만기도 없다. 프로젝트가 성공했을 때 비율에 따라 투자성과를 나누기만 하면 된다. 또 자기자본이 크면 클수록 안정적이고 외부환경 변화에 덜 흔들리는 프로젝트를 진행할 수 있다. 4억 6,000만 원이 있는 누군가가 10억 원짜리 빌딩을 사는 것과 5명이 모여서 50억 원짜리 빌딩을 사는 것 어느 프로젝트가 성공확률이 높을까? 당연히 50억짜리 프로젝트다.

4

적은 돈으로 단기간에
성공하는 투자 비법

만약 공동투자에 대한 선호도 조사를 한다면 아마도 90% 이상의 사람들이 부정적인 답을 할 것이다. 누군가와 함께 한다는 것은 참 어려운 일이다. 조별 과제를 받으면 한숨이 먼저 나오는 것도 이런 이유 때문이다. 조별 과제에서는 언제나 무임 승차자가 존재한다. 본인은 열심히 하는데 꼭 빈둥거리기만 하는 조원이 있다. 그런데도 이 조원과 같은 성적을 받아야 하는 것이 싫다. 또 우리는 동업에 대한 사기극을 너무 많이 보고 자랐다. 신문이나 텔레비전에서 동업으로 망한 케이스를 너무 많이 봤다. 옆집 아저씨가 망한 것도 동업자의 배신 때문이었고 과거 우리반 친구 아빠가 망한 것도 동업자의 배신 때문이었다.

맞다. 공동으로 투자하는 것은 쉽지 않다. 단독으로 투자하는 것이 베스트다. 하지만 이 책을 읽는 대부분의 독자들은 빌딩에 투자하기에 충분한 돈을 가지고 있지 못할 것이다. 공동투자를 선택하는 사람들의 가장 큰 이유는 빌딩에 투자하는 것이 안전하게 큰 수익이 나는 투자라는 것은 알지만 투자할 돈이 부족하기 때문이다. 빌딩에 대한 지식이 부족한 경우 공동투자를 통해 경험을 쌓고 싶어하는 경우도 있지만 뭐니뭐니 해도 가장 큰 이유는 부족한 돈이다.

그럼 어떻게 공동투자를 해야 단독투자처럼 안전하고 편안할까? 부동산펀드의 형식을 차용하는 것이다. 리츠와 펀드는 투자자를 보호하기 위한 법적인 규제가 상당하다. 그래서 고정비용이 높다. 하지만 리츠와 펀드의 핵심적이고 필수적인 요소만 가져온다면 고정비용을 높이지 않더라도 투자자를 보호할 수 있다.

가령 부동산펀드의 경우 판매사를 두어야 한다. 이미 투자자가 투자하기로 확정을 했지만 투자하는 형식은 증권회사로부터 수익증권을 매입하는 형태를 취해야 한다. 그럼 당연히 증권사에 판매수수료를 지급해야 한다. 또 부동산펀드는 일반사무관리회사를 따로 두어야 하고 매입 시 감정평가서, 법률실사보고서, 물리실사보고서, 회계실사자료, 시장조사서 등 실사보고서도 필수적이다. 부동산펀드, 리츠에서는 필수적인 절차들이지만 개인이 투자하는 경우는 당연히 필요한 사항들은 아니다.

하지만 운영과 소유를 분리하여 신탁회사에 자산을 보관해야 한다는 점은 개인이 공동투자할 때도 차용해야 할 부분이다. 신탁회사에 자산을 보관하면 신탁 재산_{부동산}에 대해서는 강제 집행, 담보권 실행 등을 위한 경매, 보전 처분 또는 국세 등 체납 처분을 할 수 없게 된다. 제3자로부터 안정적으로 소유권을 확보할 수 있다. 이 말을 달리하면 공동투자자들의 개인적인 사정 변경으로부터 공동투자 빌딩을 보호할 수 있다는 것이다.

다음으로는 무임 승차에 대해 이야기 해 보자. 친한 친구들끼리 투자를 하다 보면 누구는 매일 현장에 나가는데 누구는 항상 바쁘다는 핑계를 댄다. 그리곤 투자가 잘됐네, 못됐네 툴툴거린다. 쉽지 않은 부분이다. 하지만 우리는 펀드매니저 제도를 차용함으로써 이 부분을 해결할 수 있다. 공동투자의 펀드매니저는 공동투자자 중에서 해당 지역을 가장 잘 알고 빌딩 투자에 대한 경험도 풍부한 사람으로 정해야 한다. 또 가급적이면 투자금액도 다른 투자자들 보다는 많은 것이 좋다. 그래야 다른 투자자들에게서 믿음을 얻기 쉽다.

펀드매니저가 일상의 업무를 주도적으로 처리하는 만큼 그에 대한 대가도 반드시 책정해서 지불해야 한다. 그 대가는 얼마라고 일괄적으로 말할 수 없지만 부동산펀드가 책정하는 년간 운영비용은 자산금액의 0.2~0.5%가 일반적이다.

부동산 공동투자를 하면서 생기는 또다른 걱정은 누군가가 중도에 이탈하게 되는 경우다. 공동투자자 중 한 명의 자금 사정이 어려워져서 자신의 지분을 정리해 달라고 한다면 어떻게 해야 할까? 처음에는 모르는 척 할 수 있지만 반복적으로 요구한다면 공동투자가 정말 괴로운 투자로 변한다. 대부분의 부동산펀드는 환매 불가형으로 설정 하지만 수익증권은 다른 사람에게 양도할 수 있다. 공동투자도 이 부분에 대한 사전 결정이 필요하다. 누군가 자신의 지분을 팔려고 할 때 매매 가격 결정 방법, 같은 공동투자자에게 우선권을 부여할 것인지 여부 등에 대해서 사전에 결정해야 한다.

공동투자에서 의견이 가장 많이 엇갈리는 부분 중 하나가 매도시기다. 누군가는 빨리 처분해서 현금을 확보하고 싶어 하고, 누군가는 더 오르기를 기다리고 싶어 한다. 누누이 말하지만 이것도 사전에 결정해 두어야 한다. 예를 들어 매도조건 ❶ - 대지평당 1억 원에 매각한다. 매도조건 ❷ - 매입 후 2년 6개월이 되는 시점에 시세 감정평가 금액으로 매도한다. 매도조건 ❶과 매도조건 ❷ 중 더 빨리 충족하는 조건을 따른다라고 정하면 된다.

공동투자는 자금이 부족한 사람이 빌딩 투자에 나설 수 있는 최고의 방법이다. 그렇다고 단순히 친분이 있다는 이유로 공동투자를 제안하지는 말자. 차라리 사회에서 공동의 목표로 만난 사람들과 진행하자. 목표가 같아야 투자에 어려움이 오더라도 이겨낼 수 있고 고통의 시간을 견딜 수 있다. 원망없이 말이다. 파트너의 공동투자금은 자금이 부족한 투자자에게 최고의 타인자본이 될 수 있다는 것을 기억하자.

5

내가 현금
10억 원이 있다면

동료를 만들어라

가장 먼저 빌딩 투자 모임에 참여할 것이다. 빌딩 투자에 관한 객관적인 정보를 얻기는 쉽지 않다. 특히 성장곡선 투자법에 따라 곧 올라갈 지역을 찾는 일은 쉬운 일이 아니다. 지역을 선정하는데 상당한 시간을 투자해야 한다. 남들보다 빠르게 부자가 되기 위해서는 그냥 강남에 투자해서는 안 된다. 만약 돈 많은 부자라면 그냥 강남에 투자하면 된다. 그런데 불행히도 대부분의 사람들은 이런 부자가 아니다. 강남에 투자를 하려고 해도 대로변 투자는 당연히 불가능하다. 한 칸 이면에 위치한 빌딩에도 투자하기 어렵다. 세 번째, 네 번째 더 안쪽으로 들어가야 투자할 수 있는 물건이 나올 것이다.

하지만 이런 지역은 상업용 빌딩이 아니라 주거용 건물이 주로 있는 지역이다. 남들이 원하지 않는 지역이기에 덜 올라갈 수밖에 없다. 대로변, 첫 번째 이면에 있는 빌딩이 빵빵하게 올라갈 때 이런 지역은 덜 올라간다. 임차인을 구하기도 어렵다. 임대료를 많이 깎아줘야 임차인을 구할 수 있다. 어렵게 구한 임차인은 신용도가 약하고 회사 규모도 작다. 경기가 흔들리면 이런 기업이 가장 먼저 직격탄을 맞는다. 그럼 공실이 발생하고 임차인 구하기는 어렵고 매매가격도 올라가지 않는다. 악순환의 연속이다.

지역 선택이 투자의 전부다

그래서 우리는 강남에 목 매지 말고 성장곡선의 전기성장기 초반에 위치한 지역을 찾아야 한다. 해당 지역이 강남 어딘가 일 수도 있고, 서울 외곽의 어딘가 일 수도 있다. 빌딩 투자 모임에서 이런 지역에 대한 정보도 주고 받고, 같이 임장을 다녀야 한다. 이 시기가 가장 어렵고 지루한 시기다. 이때를 잘 견디면서 관심지역에 대한 정보를 정리해야 한다. 토지 평당가격, 임대료, 상권 변화추세를 꼼꼼하게 기록해야 한다.

투자 모임에 가면 이 부분에서 상당한 도움을 받을 수 있다. 다양한 사람들이 모이기에 다양한 경험과 지식이 모인다. 누군가는 공릉동에 대해서 전문가 수준으로 알고 있고, 누군가는 문래동에 대해서 박사처럼 알고 있을 수도 있다. 대부분의 투자 모임에서는 정기적으로 특정 지역에 대해 공부하고 임장도 한다. 하나의 투자 모임보다는 2~3개 정도의 투자 모임에 가입할 것이다. 왜냐하면 투자 모임마다 강점을 가지는 지역이 다르기 때문이다. 가급적이면 다양한 정보를 들어야 한다.

이렇게 지역조사를 하다가 곧 상승할 것이라고 100% 확신하는 지역을 만난다면 올인해도 된다. 하지만 경험상 100% 확신하는 지역을 만나는 것은 불가능하다. 항상 이런 부분은 좋은데 저런 부분은 걱정스러울 것이다. 50% 이상 만족하는 지역을 찾기도 쉽지 않다. 좋은 지역을 찾으면 이미 가격이 상당히 올라있는 경우가 대부분이고 저렴한 지역을 찾으면 앞으로 올라갈 것에 대한 확신이 약해진다.

그래도 부지런히 다녀야 한다. 투자 모임 동료들과 부지런히 조사하고 임장을 다니다 보면 딱 마음에 드는 한 곳을 선택하기는 어려워도 2~3곳 정도가 괜찮다는 의견을 모을 수는 있다. 2~3곳의 후보지가 나왔는데 어디가 더 좋은 지 확신할 수 없다면 억지로 1등을 뽑으려 하지 않는게 좋다. 10억 원을 한 곳에 투자하지 말고 4억, 3억, 3억으로 나눠서 투자하고, 3~5명이 함께 투자하자. 3억씩 3명이면 9억 원이고 5명이면 15억 원이다.

최악의 빌딩을 사라

지역을 선정했다면 이제 빌딩을 선정해야 한다. 부동산 속담에는 "최고의 지역에서 최악의 건물을 사라"는 말이 있다. 일단 본인이 선정한 2~3개 지역이 최고의 지역이라고 생각하자. 그럼 이제 최악의 건물을 사는 것이다. 최악의 건물이 뭘까? 손이 많이 가는 건물이다. 매입할 때 외관도 출중하고 임차인도 좋다면 가격이 상대적으로 비쌀 가능성이 99.99%다. 우리는 최악의 건물을 사서 내부도 고치고 외관도 바꾸고 좋은 임차인도 구해서 코어 투자자나 코어 플러스 투자자에게 팔아야 한다.

2023년 11월 현재, 서울에 투자한다면 토지면적 기준 3.3m²당 5천만 원 이하의 토지와 낡은 건물을 구입할 것이다. 상권이 성장하는 지역 빌딩 가격은 토지면적 기준 [3.3m²당 4~5천만 원 + 밸류애드 작업 완료 → 8천만 원~1억 원]에 팔고 나오는 것은 어렵지 않다. 하지만 토지면적 기준 3.3m²당 1억 원에 사서 2억 원에 팔고 나오기는 쉽지 않다. A급 상권으로 성장해야 2억 원에 받아줄 매수자가 나타난다.

이렇게 분산한 투자 중에서 가장 많은 4억 원을 투자한 프로젝트에서는 펀드매니저 역할을 할 것이다. 남들보다 더 많은 일을 하기는 해야 하지만 빌딩 투자자로서의 실력과 경험을 쌓을 생각이다. 펀드매니저를 하는 프로젝트에 대한 투자 일기를 쓰는 것도 추천한다. 투자 일기는 다음 투자에 큰 도움이 된다.

적극적인 임차인 유치

리모델링, 신축이 끝나가면 임차업체를 정해야 한다. 물론 리모델링, 신축 전에 임차업체를 확보하고 임차업체에서 원하는 것을 최대한 빌딩에 반영한다면 베스트다. 하지만 어려운 일이다. 이론적으로 가능하더라도 현실적으로 실현되기 어렵다. 일반적으로는 리모델링, 신축이 끝나가는 시점에 임차인을 확보하는 것만으로도 다행스러운 일이다. 만약 성장하는 지역을 잘 선택했다면 독특한 개성을 어필하는 임차인을 만날 가능성이 높다.

만약 그렇지 못하더라도 실망하지 말고, 오는 고객만 기다리는 보수적인 역할에서 벗어나자. 적극적인 유치가 필요한 경우도 있다. 다른 지역 상권에서 인기 있고, 젊은이들을 모으는 가게라면 적극적으로 유치할 필요가 있다. 빌딩을 사고 팔 때 임차인의 역할은 생각보다 중요하다. 신용도 높은 A급 임차인이 들어와 있으면 이 신용도가 빌딩에 전가된다. 즉 좋은 임차인이 빌딩 매매 가격을 올린다. 임차인 유치도 리모델링, 신축만큼이나 중요하다.

최상의 타이밍에 매도하고 반복하라

임차인 유치까지 끝났다면 매도시기를 결정해야 한다. 부동산 공동투자 계약서에 나와 있는 대로 하면 된다. 만약 좀 더 자유롭게 매도를 할 수 있다면 해당 상권이 어디를 지나고 있는지 판단해야 한다. 전기 성장기에서 후기 성장기로 넘어가고 있다면 매도를 준비해야 하자. 이 시기에 매도하기는 정말 쉽다. 상권이 성장하고 유동인구가 넘쳐날 때는 매수인도 넘쳐난다. 서로 높은 가격에 사겠다고 금액을 올려서 제시한다. 가만히 있는데 매수인들끼리 경쟁을 하면서 매매가격을 올린다.

하지만 방심하지 말자. 상권이 성장기를 지나 성숙기로 접어드는 순간 매수자의 발길은 뚝 떨어진다. 성숙기로 진입하면 빌딩을 팔기 정말 힘들어진다. 대폭적인 가격 인하가 필요해진다. 아니 어쩌면 가격에 상관없이 매수인들이 사라질 수도 있다. 부동산은 유동성이 약하다. 이점을 꼭 명심해야 한다.

그렇다고 투자가 두려울 정도의 지나친 걱정은 금물이다. 상권이 성숙기에 진입하는데 1~2년 걸리는 것은 아니다. 짧게는 수 년에서 길게는 몇 십 년이 걸릴 수도 있다. 그리고 만약 성장곡선이 전기 성장기를 지나고 있는 지역을 선정했다면 리모델링, 신축 후 임차인을 맞췄는데 상권이 성숙기에 접어들 가능성은 '0'에 가깝다.

이렇게 투자금 회수를 성공했다면 점점 규모를 키우면서 빌딩 투자를 반복한다. 장기적 목표는 강남 대로변에 안정적인 빌딩을 단독으로 가지는 것이다. 어? 강남에 투자하지 말라는 것 아니었나? 강남에 투자하지 말라는 것이 아니다. 단독투자를 하지 말라는 것도 아니다. 단지 지금은 투자금이 적기 때문에 강남보다 더 빠르게 성장하는 지역을 찾아서 공동으로 투자하는 것을 반복해야 한다는 것이다.

일반상업지역과 3종일반주거지역이 섞여 있는 대지의 용적률은?

대지의 가치는 대지의 위치에 의해서 좌우되기도 하지만 해당 대지의 용적률에 의해서 가치가 좌우되기도 한다. 용적률이란 대지면적에 대한 건물 연면적의 비율이다. 건축물의 바닥면적의 합을 의미하는 연면적의 대지면적에 대한 비율이다. 하나의 대지에 두 개 이상의 건축물이 있는 경우에는 모든 건축물의 연면적의 합으로 계산하고 하나의 건축물이 두 개 이상의 대지에 걸쳐 있는 경우에는 모든 대지의 합으로 계산한다. 주의해야 할 부분은 연면적에서 지하층 면적, 건축물의 부속용도에 한하는 지상 주차용으로 사용되는 면적, 주민공동시설 면적, 초고층 건축물의 피난안전구역 면적은 용적률을 산정하는 면적에서 제외된다는 것이다. 단순하게 생각하면 건축물의 지상 바닥면적의 합을 대지면적으로 나눈 비율이다. 용적률은 국토의 이용과 계획에 관한 법률에 규정되어 있고 다시 각 시, 도 조례가 규정하고 있다.

용도지역	용적률
1종일반주거지역	150% 이하
2종일반주거지역	200% 이하
3종일반주거지역	250% 이하
준주거지역	400% 이하
준공업지역	400% 이하
일반상업지역	800% 이하

[도표 5-4] 서울시 용적률 중 일부

여기까지는 빌딩에 조금이라도 관심이 있다면 충분히 이해하고 있을 것이라 생각한다. 하지만 만약 한 필지의 대지에 일부는 일반상업지역이고 일부는 3종일반주거지역으로 지정되어 있다면 어떤 용적률을 적용해야 할까?

[그림 5-1] 지적도 샘플

[그림 5-1]의 코너에 위치한 59번지는 일반상업지역과 제3종일반주거지역이 함께 있다. 이 대지의 용적률을 구해보자. 먼저 '토지이음' 사이트 (https://www.eum.go.kr/web/am/amMain.jsp) 로 이동하자. 이 사이트에서 해당 대지 지번을 검색한 후 용적률, 건폐율 버튼을 클릭하여 들어가면 [그림 5-2]와 같이 나올 것이다.

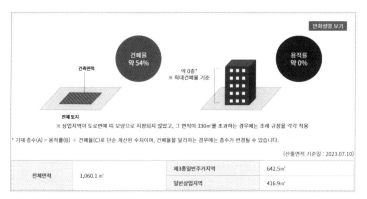

[그림 5-2] 토지이음 건폐율, 용적률

빌딩 그림 옆에 용적률이 자동 계산되어 표시되는 경우도 있지만 [그림 5-2]처럼 각 용도지역에 해당하는 면적만 표시해 주는 경우도 있다. 해당 대지는 제3종일반주거지역으로 지정된 면적은 642.5m², 일반상업지역으로 지정된 면적은 416.9m²다. 과거에는 면적의 50%이상을 차지하는 용도지역 용적률을 전체 대지 용적률로 적용했지만 지금은 각 용도지역의 용적률 가중평균으로 구한다.

서울시의 3종일반주거지역 용적률은 250% 이하고, 일반상업지역 용적률은 800% 이하다. (642.5m² × 250% + 416.9m² × 800%) / 1,060.1m² 로 계산하면 해당 대지의 용적률은 466.13% 이하로 지을 수 있다는 결론이다.

생각보다 단순한
빌딩 관리

빌딩관리의 궁극적인 목표는 지출의 효율화와
수입의 최대화를 통한 빌딩가치의 극대화다.
각 단계별 빌딩관리에 대해 알아보자.

1

매매계약 전후
이것만은 확인하자

빌딩 시세 확인

빌딩 실거래가는 2006년부터 공개되어 있다. 네이버나 구글 등 포털사이트에서 '실거래가'라는 단어만 검색해도 국토교통부 실거래가 공개시스템이라는 사이트가 첫 번째로 뜬다. 해당 사이트에 들어가서 상업용 부동산을 조회하면 빌딩 매매에 관한 정보를 엑셀 문서로 다운받을 수 있다. 참고로 사이트 주소는 https://rt.molit.go.kr/이다.

이 자료를 일반인들이 내려 받더라도 알아보기 힘들다. 거래일시, 거래금액, 대지면적, 연면적 등은 공개되지만 상세 주소가 공개되지 않기 때문이다. 아파트 단지라면 상세주소를 모르더라도 층과 전용면적만으로 가격을 추정하기에 충분하다. 하지만 빌딩은 아니다. 빌딩은 대로변이냐, 이면이냐, 코너에 위치하느냐 아니냐, 한 칸 이면, 두 칸 이면 어디에 위치하느냐에 따라서 가격 차이는 상당히 크다. 그래서 반드시 상세주소를 알아야 한다. 상세주소를 알 수 있는 방법도 있지만 일반 투자자라면 그 방법보다는 다음 3가지 사이트를 이용할 것을 추천한다.

디스코 https://www.disco.re/
밸류맵 https://www.valueupmap.com/
부동산플래닛 https://www.bdsplanet.com/main.ytp

이 사이트들은 실거래가를 지도 상에 펼쳐 놓았기 때문에 원하는 지역의 시세를 판단하기 편리하고 다양한 사례를 손쉽게 비교할 수 있다.

매수주체 결정

자금 출처가 법인이라면 아무런 고민이 없다. 법인명의로 진행하면 된다. 하지만 자금출처가 개인이라면 개인명의와 법인명의 중 어느 쪽이 유리한지에 대한 고민이 생긴다. 매입, 보유, 매각 단계별로 장단점을 알아보자.

매입단계에서 취득세는 기본적으로 동일하다. 하지만 대출에서 법인이 조금 더 유리하다. 앞에서도 설명했지만 개인에게는 대출이 엄격한 편이다. 하지만 법인으로 매입하기 위해서는 새롭게 설립하는 절차를 거쳐야 하는 단점이 있다. 또 법인 설립지역이 대도시내라면 취득세 중과도 조심해야 한다.

보유단계에서 개인 세금은 소득세율이 적용되고 법인 세금은 법인세율이 적용된다. 통상적으로 소득세율이 법인세율보다 높기 때문에 법인이 유리하다고 말할 수 있다. 하지만 법인자금을 개인자금으로 만들기 위해서는 근로소득세 또는 배당소득세가 한 번 더 발생한다. 여기에 법인은 상당히 까다롭고 투명한 자금 처리가 요구된다.

매각 단계에서도 통상적으로 법인이 유리하다. 법인의 경우 양도소득세율을 적용하는 것이 아니라 더 낮은 법인세율을 적용한다. 많은 개인명의 건물주들이 세금이 무서워서 못 팔겠다고 말하는 이유이기도 하다.

통상적으로 법인명의로 빌딩 투자를 하는 것이 유리하다. 하지만 자금을 마음대로 사용할 수 없고 아주 투명한 자금 처리가 요구되는 단점도 있다. 생각보다 번거롭다. 딱 한 번 매입, 매각하고 그만 둘 생각이라면 간편한 개인명의로 진행해도 상관없다. 하지만 장기적으로 꾸준히 빌딩 투자를 할 생각이라면 법인명의로 진행하면서 법인통장에 자금을 차곡차곡 쌓아가는 것이 현명해 보인다.

임대사업자등록

매매계약을 체결한 매수인이 가장 먼저 해야 할 일은 임대사업자등록이다. 임대사업자등록을 할 때 매매계약서 등을 지참하고 부동산 소재지 관할 세무서에 등록하고 사업자등록증을 발급 받는다. 법적으로는 잔금일 이후에 해도 되지만 실질적인 업무를 위해서는 잔금지급 이전에 사업자등록을 하는 것이 좋다. 당장 잔금일에 건물분 부가가치세를 지급하고 세금계산서를 발급 받아야 한다.

만약 단독명의가 아니라 공동명의로 진행할 경우는 동업계약서를 작성하고 사업자등록을 해야 한다. 동업계약서는 법적으로 정해진 양식이 있는 것은 아니다. 일반적으로는 사업장 상호를 정하고 대표를 정하고, 비용 및 수익의 비율, 의사결정 방법 등을 정하고 서명 날인하는 형식을 취한다.

[그림 6-1]은 동업계약서 샘플이다. 참고하기 바란다.

동업계약서

000(이하 '갑')과 000은(이하 '을') 하기 사업장 소재지에서 공동으로 부동산 임대사업을 하기로 합의함에 따라 다음과 같이 동업계약서를 체결한다.

- 다 음 -

사업장 주소 :
사업장 상호 :

제1조 갑과 을은 0000년 00월 00일부터 공동사업장을 운영하기로 하며 사업장 명칭은 0000이라 칭하고 대표자는 갑으로 한다.

제2조 공동사업 지분은 갑 000%, 을 000%이며, 사업 경영에 관한 모든 사항은 공동으로 의사결정하기로 한다.

제3조 모든 수익은 익월 첫 영업일에 지분율에 따라 배분하기로 한다.

제4조 추가 비용이 필요할 경우 제2조 지분율에 따라 각각 부담하기로 한다.

제5조 갑과 을은 제2조 지분율에 따라 사업장 매입에 필요한 자금을 조달하기로 하고, 개업 시 추가비용이 필요할 경우 각각의 지분율에 따라 추가 출자하기로 한다.

상기 동업계약 사실을 증명하기 위해 서명 날인 후 각각 1통씩 보관한다.

년 월 일

(갑)　　　　**이름 : 0 0 0 (인)**
　　　　　　　주소 :

(을)　　　　**이름 : 0 0 0 (인)**
　　　　　　　주소 :

[그림 6-1] 동업계약서

건축물대장 확인

건축물대장은 시장·군수·구청장이 건축물의 소유·이용상태를 확인하거나 건축 정책의 기초자료로 활용하기 위하여 사용승인서를 교부한 경우 등에 건축물 및 그 대지에 관한 현황을 기재하고 이를 보관하는 공적장부를 의미한다.

건축물대장에서 가장 눈여겨봐야 하는 내용은 각 층별 면적과 건축물의 용도다. 소유주에 관한 사항도 나오기는 하지만 소유주에 관한 내용은 등기사항전부증명서를 통해 확인하는 것이 우선이다. 여기서는 등기사항전부증명서에 대한 설명은 생략한다 만약 건축물 증축을 하거나 용도를 변경을 했다면 이 내용도 역시 기록되어 있다. 건축물을 허용한 내용과 다르게 사용할 경우 위반건축물이라는 문구가 건축물대장에 찍히고 내용도 표기된다. 위반건축물은 옥상 무단 증축과 불법 주차 박스가 가장 많다. 건축물대장은 정부24에서 https://www.gov.kr/ 무료로 열람 가능하다.

■건축물대장의 기재 및 관리 등에 관한 규칙 [별지 제1호서식]

일반건축물대장(갑)

(6쪽 중 제 1 쪽)

고유번호 1165010800-1-16750007	정부24접수번호 20231204-69004767	명칭 디앤비빌딩	호수/가구수/세대수 0호/0가구/0세대

대지위치		지번	도로명주소	
※대지면적 330.6 ㎡	연면적 2,429.52 ㎡	※지역 도시지역 외 1	※지구 대공방어협조구역	※구역 지구단위계획구역
건축면적 186.39 ㎡	용적률 산정용 연면적 2,047.87 ㎡	주구조 철근콘크리트구조	주용도 업무시설 및 근린생활시설	층수 지하: 2층, 지상: 12층
※건폐율 56.38 %	※용적률 619.44 %	높이 43.25 m	지붕 (철근)콘크리트	부속건축물 동 ㎡
※조경면적 59.12㎡	※공개 공지·공간 면적 ㎡	※건축선 후퇴면적 ㎡	※건축선 후퇴거리 m	

건축물 현황					소유자 현황			
구분	층별	구조	용도	면적(㎡)	성명(명칭) 주민(법인)등록번호 (부동산등기용등록번호)	주소	소유권 지분	변동일 변동원인
주1	지2층	철근콘크리트구조	기계식주차장	123.01				
주1	지2층	철근콘크리트구조	물탱크 및 펌프실	93.39				소유권보존
주1	지2층	철근콘크리트구조	계단실	13.72				
주1	지1층	철근콘크리트구조	소매점	63.34				소유권보존

이 등(초)본은 건축물대장의 원본 내용과 틀림없음을 증명합니다.

발급일자 :

담당자 :
전 화 :

서울특별시 구청장

※ 표시 항목은 총괄표제부가 있는 경우에는 기재하지 아니합니다.
※ 이 장은 전체 6페이지 중에 1페이지 입니다.

[그림 6-2] 건축물대장

토지이용계획

토지이용계획은 토지의 이용 용도에 대해 규정하고 토지의 성격을 규정하는 서류다. 토지이용계획에서는 상한 용적률이 결정되는 용도지역과 토지의 모양을 알 수 있는 확인도면에 집중하자. 또 지목은 토지의 사용 용도를 제한하고 있으므로 주의해서 봐야 한다. 예를 들어 주유소용지는 지목을 변경하기 전까지는 주유소 및 관련시설로만 사용해야 한다.

용도지역이란 토지의 이용이나 건축물의 용도·건폐율·용적률·높이 등을 제한함으로써 토지를 경제적·효율적으로 이용하고 공공복리의 증진을 도모하기 위해 서로 중복되지 않게 도시관리계획으로 결정하는 지역을 말한다. 빌딩 투자자가 주로 검토하는 지역은 일반상업지역, 근린상업지역, 3종일반주거지역, 2종일반주거지역, 준주거지역, 준공업지역이다.

토지의 지목은 토지의 종류를 규정한다. 지목은 전·답·과수원·목장용지·임야·광천지·염전·대(垈)·공장용지·학교용지·주차장·주유소용지·창고용지·도로·철도용지·제방堤防·하천·구거溝渠·유지溜池·양어장·수도용지·공원·체육용지·유원지·종교용지·사적지·묘지·잡종지로 구분하여 총28개로 구분된다. 빌딩 투자자는 주로 대, 주유소용지, 공장용지 등을 만날 수 있을 것이다.

토지이용계획은 정부24에서 열람 가능하지만 '토지이음'이라는 사이트에서 보다 자세히 확인할 수 있다.

https://www.eum.go.kr/

신청토지		소재지		지 번	지 목	면적(㎡)
				1675-7	대	330.6
지역·지구등 지정여부	「국토의 계획 및 이용에 관한 법률」에 따른 지역·지구등	도시지역, 일반상업지역, 지구단위계획구역, 도로(접합) [이하공란]				
	다른 법령 등에 따른 지역·지구등	가로구역별 최고높이 제한지역<건축법>, 대공방어협조구역(위탁고도:77-257m)<군사기지 및 군사시설 보호법>, 과밀억제권역<수도권정비계획법> [이하공란]				
「토지이용규제 기본법 시행령」제9조제4항 각 호에 해당되는 사항		[해당없음]				

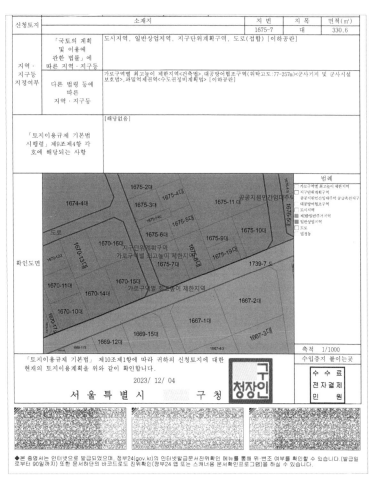

범례
가로구역별 최고높이 제한지역
지구단위계획구역
공공지원민간임대주택 공급촉진지구
대공방어협조구역
도시지역
제3종일반주거지역
일반상업지역
도로
법정동

확인도면

축척 1/1000

「토지이용규제 기본법」제10조제1항에 따라 귀하의 신청토지에 대한 현재의 토지이용계획을 위와 같이 확인합니다.

2023/ 12/ 04

서 울 특 별 시 　　　　 구 청

수수료	전자결제	민 원

수입증지 붙이는곳

◆ 본 증명서는 인터넷으로 발급되었으며, 정부24(gov.kr)의 인터넷발급문서진위확인 메뉴를 통해 위·변조 여부를 확인할 수 있습니다.(발급일 로부터 90일까지) 또한 문서하단의 바코드로도 진위확인(정부24 앱 또는 스캐너용 문서확인프로그램)을 하실 수 있습니다.

[그림 6-3] 토지이용계획

2

임차인은
어떤 빌딩을 좋아하나?

임차인들은 언제나 싸고 좋은 빌딩을 찾는다. 서울 도심이나 여의도 대형빌딩을 임차하고자 하는 임차인도 그렇고 10평짜리 상가를 찾는 임차인도 그렇다. 전세계적으로 유명한 제품을 생산하고 재벌로 불리는 외국계 대기업도 그렇고 이제 막 시작하는 스타트업 기업도 그렇다. 임차인들은 언제나 싸고 좋은 빌딩을 찾는다.

좋은 빌딩이라는 것은 임차인의 업종, 임차 목적, 규모 등에 따라 천차만별이다. 절대적으로 좋은 빌딩이란 개념을 규정하기는 불가능하다.

그럼 빌딩 임대차 시장에서 좋다는 개념을 제외하면 '싸다'라는 개념을 가격적 측면에서만 바라볼 수 있게 된다. 하지만 빌딩 임차인이 각 빌딩의 임대차 조건을 받아보면 어느 빌딩이 싼지, 비싼지 쉽게 판단하기 어렵다. 임대면적과 전용면적의 비율을 나타내는 전용율, 보증금, 임대료, 관리비가 모두 다르기 때문이다.

예를 들어 A빌딩은 임대면적 430m² / 보증금 5천만 원 / 임대료 1,500만 원 / 관리비 300만 원 / 전용율 50%고 B빌딩은 임대면적 380m² / 보증금 1억 원 / 임대료 1,300만 원 / 관리비 200만 원 / 전용율 45%라면 어느 빌딩이 더 싼 빌딩일까? 여기서 나오는 개념이 순점유비용NOC, Net Occupancy Cost이다. 순점유비용은 임차인이 실제로 사용하는 전용면적당 발생하는 비용을 말한다.

일반 임대료는 (보증금 × 운용이율/12 + 임대료 + 관리비) / 임대면적이다. 운용이율을 3%라고 하면

A빌딩의 일반 임대료 =
(5천만 원 × 3% / 12 + 1,500만 원 + 300만 원) / 430

임대면적 m²당 일반 임대료는 42,151원이고, 임대면적 3.3m²당 일반 임대료는 139,343원이다.

B빌딩의 일반 임대료 =
(1억 원 × 3% / 12 + 1,300만 원 + 200만 원) / 380

임대면적 m^2당 일반 임대료는 40,132원이고, 임대면적 $3.3m^2$ 당 일반 임대료는 132,668원이다.

결론적으로 일반 임대료로 따진다면 B빌딩이 A빌딩보다 더 싼 빌딩이다. 그럼 이제 순점유비용을 계산해 보자.

A빌딩의 순점유비용 =
(5천만 원 × 3% / 12 + 1,500만 원 + 300만 원) / (430 × 50%)

전용면적 m^2당 순점유비용은 84,302원이고, 전용면적 $3.3m^2$ 당 순점유비용은 278,686원이다.

B빌딩의 순점유비용 =
(1억 원 × 3% / 12 + 1,300만 원 + 200만 원) / (380 × 45%)

전용면적 m^2당 순점유비용은 89,181원이고, 전용면적 $3.3m^2$당 순점유비용은 294,815원이다.

결론적으로 순점유비용으로 따진다면 A빌딩이 B빌딩보다 더 싼 빌딩이다. 빌딩을 매입하면 인근 빌딩의 임대료, 매매시세, 임 차인의 변화를 지속적으로 파악해야 한다. 이때 단순히 일반 임대 료만 조사한다면 A, B 빌딩의 결과처럼 임차인의 의사결정 기준과 어긋난 데이터를 가질 수 있음을 조심해야 한다.

또 하나 '싸다'라는 개념을 쉽게 판단하지 못하게 만드는 요소가 렌트프리Rent Free다. 우수한 임차인을 유치할 때 명목 임대료를 깎아 줄 수도 있지만 더 적극적으로 사용하는 가격 할인 방법이 렌트프리를 제공하는 것이다. 렌트프리는 임대차기간 중임에도 불구하고 임대료는 지불하지 않고 관리비만 지불하면서 사용하는 기간을 말한다.

앞의 예에서 A빌딩은 렌트프리를 전혀 제공하지 않고 B빌딩은 1년에 1개월씩 렌트프리를 제공한다면 어떤 빌딩이 더 싼 빌딩일까?

A빌딩의 실질 순점유비용은 여전히 전용면적 m^2당 실질 순점유비용은 84,302원이고, 전용면적 3.3m^2당 실질 순점유비용은 278,686원이다.

반면 B빌딩 월임대료 = (1,300만 원 × 11개월) / 12개월 = 11,916,667원으로 떨어진다. B빌딩의 실질 순점유비용 = (1억 원 × 3% / 12 + 11,916,667원 + 200만 원) / (380 × 45%). 전용면적 m^2당 실질 순점유비용은 82,846원이고, 전용면적 3.3m^2당 실질 순점유비용은 273,872원이다.

결론적으로 실질 순점유비용으로 따진다면 B빌딩이 A빌딩보다 더 싼 빌딩이다.

구분	A빌딩	B빌딩
일반 임대료	139,343원	132,668원
순점유비용	278,686원	294,815원
실질 순점유비용	278,686원	273,872원

3

빌딩 관리 누가,
어디까지 해야 하나?

대형빌딩, 중소형빌딩, 꼬마빌딩, 쇼핑몰, 오피스빌딩, 호텔, 상가
빌딩, 복합빌딩, 아파트, 빌라, 오피스텔, 단독주택 등 부동산의 종
류, 빌딩의 규모, 빌딩의 종류를 가리지 않고 관리라는 업무는 기
본적으로 따라온다. 우리나라의 대표적인 주거형태인 아파트의
경우 관리실에서 아파트 외벽 도색작업, 엘리베이터 정기검사, 미
화원 및 경비원 작업 등을 관리한다. 빌딩에서도 우리가 잘 아는
아파트와 유사한 관리업무가 일어난다.

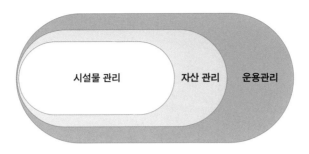

[그림 6-1] 빌딩 관리의 구성

시설물 관리

시설물 관리FM, Facility Management는 빌딩의 물리적 상태를 관리하여 최적의 시설물 상태를 유지시키는 업무다. 건축물 유지관리, 공조, 급수, 엘리베이터, 소화 등의 설비관리, 전기시설 관리 업무다. 설비 및 정비 등 소모품의 수명을 관리하고 고장을 최소화하여 임차인의 만족도를 높여야 한다.

또 청소와 위생관리, 경비 및 주차관리, 입주사 관리, 에너지 관리의 개선을 통해 비용절감을 목표로 한다. 비용 절감은 결국 빌딩 가치 상승으로 이어진다. 가장 필수적이고 기본적인 관리다. 전업 투자자들은 직접 고용을 통해 시설물 관리를 하지만 대부분의 기업, 기관투자자들은 시설물 관리 전문업체를 고용한다.

임대차 관리

임대차 관리LM, Leasing Management는 임대 기획 및 계획, 임대 마케팅, 임대차 계약 행위, 임대차 사후관리로 구성된다. 과거에 임대차 관리LM는 자산관리PM의 일부로 여겨졌으나 지금은 중요성이 점점 커지면서 독립된 개념으로 사용되는 경우가 늘고 있다. 임대 마케팅 기간은 기존 임차인과의 긴밀한 협의와 양해를 통해 기존 임대차 계약 만료 전까지 최대한 긴 기간을 확보해야 한다. 너무 짧은 마케팅 기간은 공실발생 가능성을 높인다.

임대료는 빌딩의 가치를 평가하는 가장 기초적이고 중요한 자료다. 임대료가 오르고 내림에 따라서 빌딩의 가치도 오르고 내린다. 임대료는 빌딩 가치에 가장 직접적인 영향을 미치는 요소다. 시설물 관리가 나가는 비용을 줄이는데 초점이 맞춰져 있다면 임대차 관리는 들어오는 수입을 극대화시키는데 초점이 맞춰진 업무다. 적극적인 임대차 사후 관리는 임대차 관리의 적인 공실 발생을 억제하는데 기여한다.

자산 관리

자산 관리PM, Property Management는 하나의 빌딩을 투자자의 입장에서 총괄적인 것을 관리하는 것이다. 빌딩의 예산을 수립하고 실행한다. 빌딩의 시설물 유지업무, 관리업무, 임대차 관리 업무를 지휘하고, 지출을 관리하고 업무를 통제한다. 빌딩의 경쟁력 강화를 위해서 주변 시장 파악 및 세금에 관한 내용도 검토해야 한다.

대부분 빌딩 관리라고 말하면 시설물 관리와 임대차 관리가 포함된 자산 관리로 이해한다. 많은 부동산 회사에서 자산 관리 서비스를 제공하고 있고, 자산 관리만 전문적으로 수행하는 회사도 있다. 만약 전문적인 전업 건물주가 아니라 다른 일을 병행하고 있는 빌딩 투자자라면 외부 전문회사에 자산 관리를 맡기는 것도 나쁘지 않다.

운용 관리

운용 관리AM, Asset Management는 포트폴리오 관리의 개념이다. 단일 자산을 관리하기보다는 여러 부동산 자산을 보유하면서 각각의 부동산 자산을 운용하는 것을 말한다. 빌딩 매입에서 매각까지 전과정을 통제한다. 보유기간에는 운영 수익을 창출해야 하고, 더 큰 가치로 평가 받을 수 있는 매각 시점과 방법을 찾아야 한다.

주식 펀드에 투자하는 주식 투자는 자산운용사가 운용 관리를 한다고 말할 수 있다. 하지만 빌딩 투자의 경우는 아직까지 자산운용사가 운용 관리를 한다고 말하기는 어렵다. 하지만 블라인드

Blind 펀드가 늘어나고 있는 상황이기에 자산운용사의 운용 관리가 점점 더 중요해 질 수밖에 없다. 개인 투자자는 이 기능을 외부에 위탁하는 것은 불가능해 보인다.

기관투자자들이 투자하는 대형빌딩은 자산운용사가 자산관리회사와 용역계약을 맺고 업무를 위탁하는 것이 기본이다. 전문가들이 빌딩경영 업무의 일부를 위탁 받아 진행함으로써 예상치 못한 사고를 사전에 예방한다. 빌딩의 낡음은 신축이나 리모델링을 하기 전에는 개선이 어렵다. 하지만 기존 시설을 최고의 상태로 유지하는 것은 자산관리 전문가의 도움으로 가능하다. 빌딩의 경쟁력을 유지하면서 빌딩 임차인의 만족도를 최고로 높일 수 있다.

이에 반해 개인이 투자하는 중소형빌딩의 경우 직접 관리하는 경우가 더 많다. 직접 관리소장을 뽑고, 직접 경비와 미화도 뽑고, 직접 시설관리 직원을 뽑아서 관리한다. 업무의 지식이나 기술은 자산관리회사 직원보다 더 뛰어날 수 있다. 하지만 아무래도 투자자가 직접 관리하다 보니 업무의 중심은 사전 예방보다는 사후관리에 집중된다.

4

부드럽지만 효율적인
임대차 관리

임대인과 임차인의 합의 사항은 전부 임대차 계약서에 담긴다. 임대인은 임대차 계약 내용을 숙지하고 원칙에 대해서도 잘 이해하고 있어야 임차인과의 분쟁을 사전에 예방하고 부드러운 관계를 유지할 수 있다. 임차인들의 불만은 뭘 해주지 않아서 생기는 것이 아니라 해줄지, 말지를 결정하는 과정에서 생기는 경우가 많다. 모든 입주 임차인들에게 동일한 내용이 동일한 목소리로 전달되어야 불만이 생기지 않는다. 그러기 위해서는 빌딩의 임대차 계약 원칙과 운영 방침을 정확히 숙지하고 있어야 한다.

보증금

임대인 입장에서 보증금은 미래에 발생할 수 있는 임대료 미납, 원상복구 비용 등 다양한 리스크에 대한 보장 역할을 한다. 임차인이 3달 이상 임대료 체납을 하는 경우 임차인과 계약을 해지하고 임차인 퇴거를 종용한다. 임차인과 원만하게 합의가 되면 좋지만 법적인 조치가 필요한 경우도 생긴다. 이 경우 일반적으로 6개월 이상의 시간이 소요된다. 사무실로 사용되는 공간은 월임대료의 10개월치를 보증금으로 받는 경우가 많다. 상가의 경우는 15~20개월치를 받는 경우도 있다. 보장의 차원에서는 보증금을 많이 받는 것이 좋지만 수익성 측면에서 본다면 보증금은 최소화하고 임대료를 최대화하는 것이 유리하다.

임대료와 관리비

임대료와 관리비는 경쟁 빌딩의 임대료와 관리비를 고려하여 제곱미터당 또는 3.3m^{2}당 단가를 먼저 결정한다. 이후 단가를 임대면적으로 곱해서 총액을 만든다. 임대료와 관리비 납부방법에는 두가지 스타일이 있다.

첫 번째는 입주사가 입주한 날로부터 한 달 후에 월 임대료를 납부하는 것이다. 각 입주사별 납부 날짜가 모두 다르다.

두 번째는 특정한 날을 정해서 빌딩 전체 임차인이 동일한 날짜에 임대료와 관리비를 일괄적으로 납부하는 것이다. 가급적 특정한 날짜에 일괄적으로 내는 방식으로 빌딩을 운영할 것을 추천한다. 예산 수립도 편리하고 관리도 편리하다. 입주 및 퇴거시는 당연히 일할 계산을 통해서 정산하면 된다.

또 관리비의 경우 근무시간에 발생하는 비용과 근무시간 외에 발생하는 비용을 구분해야 한다. 근무시간 외에 발생한 비용에 대해서는 해당 임대인에게만 부담시켜야 한다.

임대차 계약 면적

임대차 계약서상의 임대차 면적은 전용면적과 공용면적이 합쳐진 면적을 표기한다. 다수의 임차인이 있을 경우 임차인들의 임대차 면적의 합은 빌딩의 연면적과 동일하다. 어디까지를 전용면적으로 보고 어디까지를 공용면적으로 보느냐에 따라 빌딩의 경쟁력이 달라진다. 그래서 임대인은 가급적 전용면적을 넓게 보려는 경향이 있고, 임차인은 좁게 보려는 경향이 있다. 그래서 사무실밖에 있는 화장실을 전용면적에 넣고 싶어하는 임대인들도 있다. 전용면적과 공용면적의 차이는 배타성이다. 남들에게 방해받지 않고 배타적으로 사용할 권한이 있으면 전용면적이고, 없으면 공용면적이다. 임대차 계약을 체결하면 입주하기 전 인테리어를 한다. 인테리어를 하면 당연히 전용 면적 실측이 이루어진다. 그런데 실측면적이 임대차 계약시 설명받은 전용면적과 너무 큰 차이가 나서 가끔 다툼이 발생하기도 한다. 사전에 도면을 통해 면적을 확인해 보는 것이 좋다.

임대차 계약 기간

임대차 계약 기간은 2년이 가장 일반적이다. 2년 계약은 임대료 상승 조건이 없다. 장기 계약은 5년 이상의 계약을 말한다. 5년 이상의 계약에는 반드시 임대료 상승 조건이 들어간다. 분쟁을 없애기 위해서는 상승률을 정확히 표현해 두는 것이 좋다. 그냥 '합의에 의해서 올린다'라는 두리뭉실한 문구는 향후 다툼의 단초가 된다.

매수자들은 5년 이상 장기 계약이 체결된 매물을 선호한다. 특히 신용도가 높은 임차인이라면 두 손 들고 환영이다. 최근에 장기 계약에서 많이 사용되는 임대차 계약은 의무 사용기간을 두는 것이다. 가령 5년을 계약한다면 3년까지는 임대차 계약을 의무적으로 이행해야 하는 기간으로 설정하고 나머지 2년은 6개월 전통보로 패널티 없이 계약을 해지할 수 있는 계약이다. 이 계약은 장기적인 공간 확보와 경기변동 대응 두가지 모두 가능하다.

가격 할인

렌트프리Rent Free는 임대차 계약 기간 중임에도 불구하고 임대료 납부의무는 면제되고 관리비만 납부하면서 계속 사용하는 기간을 말한다. 1년에 1개월 렌트프리를 받는다고 하면 1년 12달 중에서 11달은 임대료를 내지만 1달은 관리비만 내고 임대료는 내지 않고 사용한다는 것이다. 렌트프리 1개월은 약 8%의 임대료 할인 효과가 있다. 임대인이 가격을 내리는 것보다 렌트프리 적용을 선호하는 것은 보다 탄력적으로 시장에 대응할 수 있기 때문이다. 핏아웃Fit Out은 입주 공사 기간 동안 임대료는 면제해주고 관리비는 전액 또는 실비로 내는 기간이다. 통상 한 달이 일반적이지만 면적에 따라서 기간은 증가하기도 하고, 감소하기도 한다. 테넌트임 프루브먼트TI, Tenant Improvement는 임차인이 지불해야 하는 인테리어 공사비용 일부를 임대인이 지원해 주거나 임차인이 필요한 시설을 임대인이 설치해 주는 비용을 말한다.

인테리어 및 원상복구 의무

임대차 계약을 하다 보면 계약금만 지불한 상태에서 시간을 절약하기 위해서 인테리어를 잔금 전에 먼저 하게 해 달라고 요청하는 임차인이 있다. 임차인은 임대차 계약 이행에 문제가 없다고 생각하지만 가끔은 임차인의 사정이 급격히 변하면서 임대차 계약을 포기하는 경우가 발생한다. 이때 임대인은 난감하다. 임차인이 원상복구를 해 준다면 문제없지만 아무 말 없이 사라지면 임대인은 이러지도 저러지도 못한다. 인테리어는 반드시 잔금을 지급한 후 시작할 수 있게 해야 한다.

임차인은 임대차 계약이 시작되는 시점에서 인수받은 시설과 동일한 상태로 임대차 계약이 만료되는 시점에 반납해야 할 의무가 있다. 임차인이 설치한 시설물은 모두 임차인의 비용으로 철거하고 인수받은 시점의 상태로 되돌려야 한다. 임대인과 임차인은 인수인계한 시설에 대한 증명을 함께 남겨서 사전에 분쟁을 예방하는 것이 현명하다.

옥외 광고물

빌딩의 일부를 상가로 사용하기 위해 임차한 임차인이 있다면 당연히 이 임차인은 옥외 광고물을 걸고 싶어한다. 그것도 아주 크고 잘 보이게 걸고 싶어한다. 만약 빌딩내 상가 임차인이 여러 명이라면 옥외 광고물의 크기와 위치에 대한 경쟁이 치열하다. 그래서 미리 빌딩을 임차하는 위치와 면적에 따라 옥외 광고물의 위치와 크기도 정해두는 것이 좋다.

옥외 광고물은 설치하고 싶다고 아무대나 무한정으로 설치할 수 있는 것이 아니다. 옥외 광고물 관련 법에 따라서 행정당국의 인허가가 필요하다. 일반적으로 간판 인허가의 책임과 설치 및 관리 비용은 임차인의 책임과 비용으로 진행한다. 임대차 계약서에 반드시 옥외 광고물의 위치, 크기를 표기하고 인허가 책임과 비용도 명시하여야 한다.

주차

주차의 중요성이 점점 높아지고 있다. 지하에 자주식 주차장을 갖추고 있는 경우는 무료 주차대수와 이용료를 내더라도 추가로 사용할 수 있는 주차대수가 중요하다. 임대인은 임대차 면적에 비례해서 무료주차를 제공한다. 예를 들면 임대면적 330m^{2}당 무료 주차 1대를 제공한다는 식이다. 그리고 외부 고객이 방문할 경우 주차장을 이용할 수 있는지 없는지도 예민한 문제다.

만약 기계식 주차장을 갖추고 있는 빌딩이라면 주차 가능 차종이 중요하다. SUV 차량이나 리무진과 같이 차체가 높거나 긴 차량의 주차 여부가 중요하다는 말이다. 임차인 회사의 대표이사 차량이 주차가 되지 않아서 임대차 계약을 못하는 경우가 종종 발생한다. 너무 낡고 오래된 기계식 주차시설은 경쟁력이 떨어진다. 건물 내 주차 시설을 늘리거나 개선할 수 없다면 인근 유료 주차장을 활용하는 방안이라도 고민해 보자.

5

누구나 따라할 수 있는
빌딩 관리 노하우

시설물의 유지관리는 빌딩의 물리적 상태를 최적으로 유지하는 것을 목표로 한다. 아마 직장인이라면 화장실에서 표시된 체크리스트를 보았을 것이다. 언제, 누가, 점검을 했고 상태는 상·중·하에서 어디에 속하는지 체크하게 되어 있다. 건물관리 특히 시설물 관리는 체크리스트를 이용하면 편리하다. [도표 6-1] 체크리스트는 빌딩 체크리스트의 일부다. 빌딩의 규모와 종류에 맞게 변형하여 가급적 세세한 체크리스트를 만들어서 관리하는 것이 편리하다.

항목	내용	점검 일시
일반 청소	복도, 화장실, 계단 등 공용부분에 대한 청소 상태와 빌딩 외부 청소 상태. 특히 화장실 청결에 주의하자.	
외벽 청소	간판, 외벽, 창문의 청소 상태에 따라서 빌딩의 첫인상이 결정된다. 외부 배관 및 전선도 주의하자.	
방역	정기적인 소독으로 해충, 벌레의 출현을 방지하고 건강한 빌딩으로 만들자.	
크랙	건물외벽이나 내부에 타일이 떨어지거나 금이 간 곳을 점검하여 유지보수해야 사고를 예방할 수 있다.	
조경	조경 지역 식물을 깔끔한 상태로 유지하고 영양상태도 점검해야 한다	
기계 주차	매일 사용하는 설비지만 작동 상태와 소음 여부를 점검해야 한다.	
CCTV	작동 여부와 녹화 여부를 정기적으로 점검해야 한다.	
소방시설	상주인원에게 다소 불편이 있더라도 대피 등, 감지기, 스프링쿨러, 소화기 등 정기적으로 점검한다.	
승강기	정기점검으로 사고를 미연에 방지한다.	
냉난방	작동여부 및 냄새 등을 점검해야 한다.	

[도표 6-1] 관리 체크리스트

법으로 정해져 있는 점검 사항은 당연히 해야 하지만 정해져 있지 않은 사항까지 강도 높은 빌딩 관리를 실시해야 하는 이유는 무엇일까? 비용의 효율적 사용과 임차인 만족도 향상이다. 다른 말로 지출을 줄이고 수입을 늘려서 빌딩 가치를 극대화하는 것이다. 그럼 임차인 만족도 향상은 어떻게 알 수 있을까? 추측하는 것은 불가능하다. 궁금하면 직접 조사해야 한다. 바로 설문조사다. 정기적인 임차인 만족도 설문조사를 통해 만족도를 측정하고 개선점을 찾아낼 수 있다. [도표 6-2]는 설문조사 샘플이다. 참고하여 각 빌딩의 종류와 규모에 맞게 바꿔서 사용하기 바란다.

항목	매우 불만	불만	보통	만족	매우 만족
직원들의 친절도는 어느 정도인가?					
민원에 대한 대응이 적극적이었나?					
시설물 고장으로 불편을 겪은 적이 있는가?					
문제 해결을 위한 직원들의 숙련도는?					
화장실 청소 상태 및 화장지, 비데 상태는?					
복도, 계단 등 공유 부분 청소 상태는?					
기계식 주차 설비는 잘 작동했나?					
건물 외부가 깔끔하게 잘 관리되고 있나?					
안내 근무자는 친절한가?					
고객의 주차장 이용은 편리했나?					
도난이 일어난 적이 있는가?					

소방 점검 시 사전 통지는 받았는가?					
난방/냉방 온도는 적정한가?					
기타 하고 싶은 말					

[도표 6-2] 임차인 만족도 조사

도로가 빌딩의 면적을 결정한다?

[그림 6-4] 필로티 구조의 빌딩

5장 쉬어가는 페이지(213쪽 참고)에서 서울시 일반상업지역 용적률은 800% 이하라는 것을 알았다. 그런데 테헤란로 이면이나 도심지역 이면으로 가면 대로변과 동일한 일반상업지역임에도 불구하고 대로변 빌딩보다 현격하게 낮게 지어진 빌딩들이 눈에 들어온다. 그리고 이런 빌딩들은 임대료가 높다고 알려진 1층을 [그림 6-4]와 같이 필로티 구조(2층 이상의 건물 전체 또는 일부를 지면에 닿는 접지층에서 기둥, 내력벽 등 하중을 지지하는 구조체 이외의 외벽, 설비 등을 설치하지 않고 개방한 구조)로 한 경우도 많다.

이 경우는 빌딩이 접한 도로가 빌딩의 연면적을 결정하는 경우다. 건축법에서는 건축물의 규모가 큰 경우에는 그에 따른 사람들의 출입량이 많다고 판단하여 도로 폭과 접도 너비를 규정하고 있다. 건축법 제44조 제2항 및 동법 시행령 제28조 제2항에 따르면 <연면적의 합계가 2천m²(공장인 경우에는 3천m²) 이상인 건축물(축사, 작물 재배사, 그 밖에 이와 비슷한 건축물로서 건축조례로 정하는 규모의 건축물은 제외한다)의 대지는 너비 6m 이상의 도로에 4m 이상 접하여야 한다.>고 규정하고 있다.

이것을 달리 해석하면 너비 6m 미만의 도로에 접하는 대지는 대지의 용적률, 대지면적과 상관없이 건축물은 아무리 크게 짓더라도 연면적 2천m² 미만까지만 지을 수 있다는 말이다. 여기서 주의할 점은 2천m²라는 면적이 용적률이 적용되는 지상층 바닥 면적의 합이 아니라 지상층과 지하층의 모든 층 바닥면적을 합한 연면적이 2천m²까지라는 것이다.

도로 너비 6m 미만의 도로에 접한 대지를 가지고 있는 건물주들은 어차피 연면적에 제한이 있으니 공사비가 많이 들어가는 지하층을 최소화하고 임대료가 발생하는 지상층 면적을 최대화하기를 희망한다. 그래서 1층을 연면적에서 제외되는 필로티 구조로 만들어서 빌딩의 필수시설인 주차장으로 이용하고 지상층을 최대화하는 것이다.

또 너비 6m 미만의 도로에 접한 대지는 대지의 넓이와 상관없이 건축할 수 있는 연면적의 상한이 제한되어 있다는 것도 잊지 말아야 한다. 즉, 너비 6m 미만의 도로에 접한 대지의 면적이 330m²든, 660m²든, 990m²든 상관없이 지을 수 있는 건축물의 최대 연면적은 2천m² 미만이다. 너비 6m 미만의 도로에 접한 대지는 무조건 넓다고 좋은 것이 아니다. 오히려 너무 넓은 대지면적은 비효율을 발생시킬 수 있다. 대지면적과 용적률을 감안하여 최대 효율을 발휘할 수 있는 면적의 대지를 찾아야 한다.

절세의
기술

세금은 디테일하게 들어가면 한도 끝도 없다.
디테일은 세무사에 맡기고, 빌딩운영에 있어서
반드시 알아야 할 필수적인 세금 상식만을 담았다.

1

빌딩 살 때 내는
세금

부동산 투자 시작부터 매각 후 현금화까지 각 단계마다 세금이 발생한다. 발생하는 세금도 절대적인 금액이 상당하다. 더군다나 빌딩 투자는 투자하는 액수가 크기 때문에 세금으로 납부해야 하는 금액이 엄청나게 크다. 그래서 투자자들은 절세를 위한 방법을 찾고 있다. 어떤 형태로 투자해야 최대한 세금을 아낄 수 있는지 고민한다. 하지만 절대로 탈세는 안 된다. 애매한 부분이 있으면 반드시 세무사와 상의해야 한다. 자의적 해석은 절대 금지다. 먼저 빌딩을 살 때는 세금이다.

구분	세율
개인명의	취득가액 4.6%
법인명의	취득가액 4.6%
법인명의 중과	취득가액 9.4%

[도표 7-1] 2023년 11월 기준 취득세

개인명의로 사든, 법인명의로 사든 동일하게 지방교육세와 농어촌특별세를 포함하여 4.6%다. 하지만 법인의 경우 중과규정이 있다. 대도시_{과밀억제권역에서 산업단지를 제외한 지역} 내에서 법인을 설립하고, 설립 이후 5년 이내 대도시의 매매용, 임대용 부동산을 취득하면 취득세 등 중과세율 9.4%가 적용된다.

2023년 11월 현재 과밀억제권역 : 서울특별시, 인천광역시_{강화군, 옹진군, 서구 대곡동·불로동·마전동·금곡동·오류동·왕길동·당하동·원당동, 인천경제자유구역(경제자유구역에서 해제된 지역을 포함} 및 남동 국가산업단지는 제외한다, 의정부시, 구리시, 남양주시_{호평동, 평내동, 금곡동, 일패동, 이패동, 삼패동, 다산동, 수석동, 지금동 및 도농동만 해당한다}, 하남시, 고양시, 수원시, 성남시, 안양시, 부천시, 광명시, 과천시, 의왕시, 군포시, 시흥시[반월특수지역_{반월특수지역에서 해제된 지역을 포함한다}은 제외한다]

실제로 많은 부동산 법인이 취득세 중과를 피하기 위해 수도권 과밀억제권역 외에 혹은 구로디지털단지 등 산업단지에 법인을 설립하고, 대도시내 임대용 부동산을 취득한다. 이는 대도시 외

지역에서 법인을 설립하면 5년 이내 대도시의 부동산을 취득하더라도 임대목적으로만 사용하는 경우 적용되는 취득세는 4.6%기 때문이다. 다만, 취득세를 절감할 목적으로 형식상으로만 대도시 외에 본점을 설립한 경우 사후 점검을 통해 취득세를 추징 당할 수 있다.

2

빌딩 보유할 때 내는
세금

재산세는 매년 6월 1일 현재 토지, 건축물 등을 가지고 있는 소유자에 대하여 과세하는 세금으로 건축물은 매년 7월, 토지는 매년 9월에 나누어서 부과한다. 과세기준일은 매년 6월 1일이다. 만약 빌딩 매매계약을 하고 잔금을 과세기준일인 6월 1일에 지급한다면 납세의무자는 새롭게 빌딩을 취득한 매수인이 된다. 만약 잔금일이 6월 2일 이후인 경우에는 부과일에 상관없이 6월 1일 현재 소유자인 매도인전 소유자이 납세의무를 진다. 과세기준일은 잔금일과 등기접수일 중 빠른 날짜를 기준으로 한다.

종합부동산세는 재산세를 과세대상 중에서 토지와 주택을 대상으로 한다. 토지와 주택을 유형별로 나누고 → 이것을 소유자별로 합산한 후 → 각 유형별 공제금액을 초과하는 경우 그 초과금액에 한해서 과세하는 세금이다.

매년 6월 1일 현재 재산세 과세대상에 대해 먼저 부동산 소재지 관할 시·군·구에서 재산세를 7월과 9월에 부과하고, 각 유형별 공제금액을 초과하는 금액에 대해서 주소지 관할 세무서에서 부과한 종합부동산세는 12월에 납부해야 한다. 상가, 사무실의 부속토지에 해당하는 빌딩 부속토지는 공제금액이 80억 원으로 중소형 빌딩에 투자하는 투자자는 종합부동산세에 대해서 비교적 자유롭다.

건물분	기준 및 세율
재산세	과세표준액의 0.25%
재산세 도시지역분	과세표준액의 0.14%
특정 부동산분 지역자원시설세	과세표준액의 0.12%
지방교육세	과세표준액의 0.05%
건물분 재산세 등	과세표준액의 0.56%

[도표 7-2] 2023년 11월 기준 건물분 재산세

토지분	기준 및 세율
재산세	과세표준액의 0.20%~0.40%
재산세 도시지역분	과세표준액의 0.14%
지방교육세	과세표준액의 0.04%~0.08%
건물분 재산세 등	과세표준액의 0.38%~0.62%

[도표 7-3] 2023년 11월 기준 토지분 재산세

3

빌딩 팔 때 내는
세금

양도소득세란 소득세의 일종으로 토지, 건물과 같은 자산을 양도함으로써 발생하는 이익에 대해 부과하는 세금이다. 양도소득세의 대상은 개인에 한하며 법인은 양도소득세 대상이 아니다. 그리고 이익에 대해서만 부과한다. 부동산 등을 양도함으로써 손해를 봤거나 이익이 발생하지 않았다면 양도소득세는 과세되지 않는다.

여기서 양도는 매매, 교환, 공매, 경매, 수용 등으로 자산의 소유권 이전을 위한 등기, 등록에 상관없이 사실상 유상으로 자산을 이전시키는 것을 말한다. 유상으로 이전되는 경우만 과세대상이므로 무상으로 증여되는 경우는 과세대상이 아니다. 하지만 증여자의 부동산에 설정된 채무를 부담하는 부담부증여에 있어서는 채무상당액을 양도로 본다.

양도소득세 세액 계산 흐름도

양도가액 : 부동산의 양도 당시 실지거래가액

취득가액 : 부동산의 취득당시 실지거래가액

필요경비

양도차익 : 양도가액 - 취득가액 - 필요경비

장기보유특별공제 : 6%~30%
(보유년수 × 2%, 단 보유기간 3년 후부터 적용)

양도소득금액 : 양도차익 - 장기보유특별공제

양도소득 기본공제 : 250만 원

양도소득 과세표준 : 양도소득금액 - 양도소득기본공제

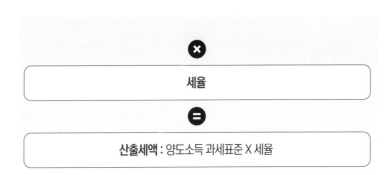

세율

=

산출세액 : 양도소득 과세표준 X 세율

개인사업자 양도소득세

세율 (지방소득세 포함)	과세표준
6.6%	1,400만 원 이하
16.5%	1,400만 원 ~ 5,000만 원
26.4%	5,000만 원 ~ 8,800만 원
38.5%	8,800만 원 ~ 1.5억 원
41.8%	1.5억 원 ~ 3억 원
44.0%	3억 원 ~ 5억 원
46.2%	5억 원 ~ 10억 원
49.5%	.10억 원 초과

[도표 7-4] 2023년 11월 기준 개인사업자 양도소득세

법인세

세율 (지방소득세 포함)	과세표준
9.9%	2억 원 이하
20.9%	2억 원 ~ 200억 원
23.1%	200억 원 ~ 3,000억 원
26.4%	3,000억 원 초과

[도표 7-5] 2023년 11월 기준 법인세

4

부의 대물림 :
상속세, 증여세

대부분의 건물주들은 자신들이 쌓아 놓은 부를 어떻게 대물림 할
것인가에 고민이 많다. 상속세가 없는 해외로 재산을 이전하기도
하고 각종 편법을 동원하기도 한다. 상속세의 높은 세율에 대한
개편의 목소리도 높다. 이제부터는 부의 대물림에 부과하는 세금
인 상속세와 증여세에 대해 알아보자.

상속세

상속세는 사망을 원인으로 그 재산상의 지위 또는 권리의무가
가족이나 친족 등에게 무상으로 이전되는 재산에 대해 부과하는

세금이다. 상속세 납세의무자는 상속재산을 물려받는 상속인이다. 민법에 나오는 상속인 순위는 [도표 7-6]과 같다.

우선순위	피상속인과의 관계	상속인 해당 여부
1순위	배우자와 직계비속	항상
2순위	배우자와 직계존속	직계비속이 없는 경우
3순위	형제자매	1,2순위가 없는 경우
4순위	4촌 이내의 방계혈족	1,2,3순위가 없는 경우

[도표 7-6] 상속인의 순위

단어가 좀 어렵다. 직계비속은 자기로부터 아래로 내려가는 혈족을 말하는데 자녀, 손자, 증손자 등이다. 직계존속은 조상으로부터 자기에 이르기까지 이어 내려온 혈족을 말하는데 부모, 조부모, 외조부모, 증조부모, 진외조부모 등이다. 또 방계혈족은 자기의 형제자매와 형제자매의 직계비속, 직계존속의 형제자매 및 그 형제자매의 직계비속이다.

[도표 7-6] 상속인의 순위에서 보듯이 배우자가 있다면 배우자는 항상 1순위 상속인이다. 직계비속이 있다면 배우자와 직계비속은 공동 상속인이 된다. 만약 직계비속이 없고 직계존속이 있다면 배우자는 직계존속과 공동 상속인이 된다. 배우자는 직계존속과 직계비속이 없다면 단독 상속인이 된다. 아들, 딸, 손자, 손녀 등 같은 순위가 여러 명일 때는 촌수가 가까운 사람이 상속인이

되고, 같은 촌수는 공동 상속인이 된다. [도표 7-7]은 2023년 11월 현재 상속세율이다.

과세표준	1억 원 이하	5억 원 이하	10억 원 이하	30억 원 이하	30억 원 초과
세율	10%	20%	30%	40%	50%
누진공제액	없음	1,000만 원	6,000만 원	1억 6,000만 원	4억 6,000만 원

[도표 7-7] 상속세율

피상속인이 거주자인 경우 법정 신고납부기한은 상속개시일이 속하는 달의 말일부터 6개월다. 상속세는 일시에 납부하는 것이 원칙이다. 하지만 상속재산이 부동산과 같이 현금화하는데 시간이 걸리는 재산이라면 상속인에게 과중한 세부담을 줄 수 있어 납세의무 이행을 어렵게 만든다. 그래서 세무당국은 일정요건을 갖추면 분할납부 또는 연부연납할 수 있게 하고 있다.

납부할 세액이 1천만 원을 초과하고 2천만 원 이하일 때는 1천만 원을 초과하는 금액, 납부할 세액이 2천만 원 초과할 때는 그 세액의 50% 이하의 금액을 2회에 걸쳐 분할납부 할 수 있다. 또 상속세 세액이 2천만 원을 초과하는 때에는 연부연납을 허가 받아 10년간 분할하여 납부할 수 있다. 하지만 연부연납은 상속세 납부세액이 2천만 원을 초과해야 하고, 연부연납을 신청한 세액에 상당하는 납세담보도 제공해야 하며 마지막으로 상속세 연부연납 신청기한 내에 연부연납 허가 신청서를 제출해야 한다.

피상속인이 거주자인 경우의 상속세액 계산 흐름도

총상속재산가액 : 상속개시일 현재의 시가로 평가

➖

비과세 및 과세가액 불산입액

➖

공과금, 장례비용, 채무

➕

사전증여재산 : 피상속인이 상속개시일 전 10년 이내에 상속인
(상속인이 아닌 자는 5년 이내)에게 증여한 재산가액

🟰

상속세 과세가액

➖

상속공제

➖

감정평가수수료

🟰

상속세 과세표준

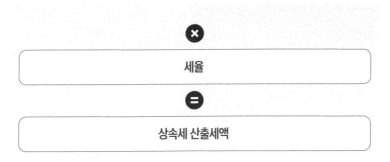

증여세

증여란 당사자의 일방이 자기의 재산을 무상으로 상대편에게 줄 의사를 표시하고 상대편이 이를 승낙함으로써 성립하는 계약을 말한다. 거래의 명칭, 형식 등과 관계없다. 또한 무상뿐 아니라 현저하게 낮은 대가를 받고 재산을 이전하는 경우도 증여로 판단한다. 증여세란 증여자로부터 유, 무형 재산을 무상으로 또는 현저히 낮은 가격으로 받은 경우 그 재산을 받은 수증자가 납부해야 하는 세금이다. 이때 수증자가 개인 또는 비영리법인일 경우 증여세를 신고납부해야 하고, 만약 수증자가 영리법인일 경우 증여 받은 재산은 법인세 과세대상에 포함되기 때문에 증여세는 부과하지 않는다.

증여세 신고, 납부는 제출일 현재의 수증자의 주소지를 관할하는 세무서에 제출해야 하고 증여세 신고, 납부기한은 증여일이 속하는 달의 말일부터 3월 이내다. 증여세는 상속세와 동일한 조건의 분납과 연부연납 제도를 운영하고 있다. 자세한 내용은 상속세 분납과 연부연납을 참고 [도표 7-8]은 수증자가 각각의 증여자로부터 증여 받는 경우 증여재산 공제 한도를 말하고 증여재산 공제 한도는 10년간의 누계 한도액이다. [도표 7-9]는 증여세율과 누진공제액을 나타내는데 상속세율과 동일하다.

증여자	배우자	직계존속	직계비속	기타친족
공제한도액	6억 원	5,000만 원, 단,미성년자 2,000만 원	5,000만 원	1,000만 원

[도표 7-8] 증여재산 공제 한도

과세표준	1억 원 이하	5억 원 이하	10억 원 이하	30억 원 이하	30억 원 초과
세율	10%	20%	30%	40%	50%
누진공제액	없음	1,000만 원	6,000만 원	1억 6,000만 원	4억 6,000만 원

[도표 7-9] 2023년 11월 현재 증여세율

수증자가 거주자이고 기본세율 적용 증여재산 세액 계산 흐름도

증여재산가액 : 증여일 현재의 시가로 평가

➖

비과세 및 과세가액 불산입액

➖

채무액 : 증여재산에 담보된 채무인수액

➕

증여재산가산액 : 10년 이내에 동일인에게 증여 받은 재산의 과세가액 합계액이 1천만 원 이상인 경우의 과세가액

🟰

증여세 과세가액

➖

증여공제

➖

감정평가수수료

🟰

증여세 과세표준

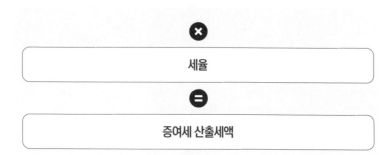

×

세율

＝

증여세 산출세액

쉽고도 어려운 임차인 명도

빌딩거래에서 사용되는 '명도'라는 단어는 임차인을 내보낸다는 뜻으로 흔히 사용된다. 명도소송은 건물주가 임차인을 내보내기 위해 제기하는 소송이다. 신축급 빌딩이나 건물이 양호한 경우에는 임차인 승계를 당연하게 생각하기 때문에 빌딩매매를 하면서 임차인 명도에 대한 이슈는 거의 발생하지 않는다. 하지만 낡은 빌딩을 거래할 때는 다르다. 리모델링이나 신축을 위해서는 누군가 반드시 임차인 명도를 진행해야 한다.

일반적으로 사무실로 사용되는 공간은 명도에 합의하는데 어렵지 않다. 대체할 수 있는 공간이 많고 위치를 옮긴다고 하더라도 영업에 영향을 받는 경우는 별로 없다. 하지만 1층이나 지하에 들어오는 근린생활시설은 상황이 좀 다르다. 해당 지역에서 오랫동안 영업을 하면서 많은 단골을 확보하고 있을 수 있고 두터운 팬 층을 형성한 가게일 수도 있다. 그리고 무엇보다 해당 가게가 한 가족의 생계를 책임지는 경우가 많아서 명도가 더 힘들다.

일반적인 경우는 매도인이 명도를 진행하는 것이 편리하다. 오랜 기간 건물주와 임차인으로 관계를 해 왔기에 서로의 사정을 잘 이해한다. 그리고 공식적으로 서류를 작성한 것은 아니지만 사전에 빌딩이 팔리면 나가야 한다는 내용을 언급한 경우도 많다. 매수인의 경우 임차인과 일면식도 없다가 갑자기 나타나서 임차인에게 나가달라고 요구하면 임차인들의 극심한 반대에 부딪힌다.

2018년 상가임대차보호법의 임차인 계약갱신 요구권이 5년에서 10년으로 늘어났다. 단순히 임차인 명도라는 관점에서만 바라본다면 이 개정이

상황을 더욱 어렵게 만들었다. 임차인의 권리가 커지면서 임차인의 요구사항이 늘었다. 빌딩매매에서 임차인 명도 여부가 매매가격보다 더 큰 영향을 미치는 경우도 발생하고 있다. 일례로 대기업에서는 매도인이 임차인 명도 책임져 주지 않으면 매수 검토를 시작도 하지 않는다.

매수인이 임차인 명도를 하든 매도인이 임차인 명도를 진행하든 시간과 예산을 넉넉하게 잡고 마음으로 접근해야 한다. 매수인이나 매도인 관점에서 시간과 예산을 책정하고 법을 집행하듯이 몰아붙이면 강한 반대에 부딪친다. 몇 년 전 신축을 위해서 5층짜리 건물을 매입하고 임차인을 명도하면서 겪은 일이다. 지하층과 1층에 위치한 근린생활시설은 임차인 명도를 위해서 당연히 합의금이 필요하다고 인식했다. 하지만 2층~5층에 있는 임차인들은 조그만 사무실로 사용 중이라서 쉽게 생각했다. 지하층과 1층 임차인과 합의를 끝내고 사무실 임차인을 만났는데, 깜짝 놀랄 주장을 해왔다. 한 층에 무려 5천만 원의 명도 합의금을 요구하는 것이었다. 사무실에는 인테리어도 거의 없고 고가의 장비도 전혀 없는 지극히 평범한 사무실이었지만 똘똘 뭉쳐서 대응하는 바람에 혼이 났다. 물론 개인적으로 만나서 정에 호소하고 인근 사례도 이야기하면서 합의금을 대폭 깎기는 했지만 항상 시간과 예산을 넉넉하게 확보해야 함을 알려준 경험이었다.

안타깝게도 임대인과 임차인이 합의를 이루지 못하면 결국에는 명도소송으로 이어진다. 명도소송을 진행하면 어쩔 수 없이 필요 없는 감정과 시간이 소비된다. 시간과 분쟁의 씨앗을 줄이기 위해 미리 절차를 밟아 두는 것이 바로 '제소전화해'다. 제소전화해는 민사소송을 제기하기 이전에 화해를 원하는 당사자가 법원에 신청함으로써 진행된다. 화해가 성립되면 법원이 화해조서를 작성하는데 이 화해조서는 확정판결과 같은 효력을 가진다. 따라서 화해조서에 근거한 강제집행이 가능하다.

부록

성공 사례와
실패 사례 분석

1

매도 타이밍을 놓쳐서
어려움을 겪은 실패 사례

우리나라 사람이라면 명동과 종로를 모르는 사람이 있을까? 종로는 조선시대부터 번성했던 상권이다. 종로상권이 이렇게 침체되리라고 예상한 사람은 거의 없을 것이다. 종로는 먹거리 위주의 상권이다. 다른 지역에서 놀러 오는 젊은 층 유입이 가장 큰 고객이었지만 광화문, 을지로 인근에 포진한 기업들의 저녁 식사 자리로도 유명했다. 예전에는 강북에서는 밤 12시경에 가장 택시를 잡기 힘든 지역이었다.

하지만 지금은 상권이 완전히 기울었다. 대로변 상가빌딩은 장사를 하는 곳보다 문닫은 공실이 더 많은 것처럼 보인다. 종로 상권이 어려워진 이유를 술을 즐기지 않는 취향의 변경, 경쟁상권의 발달에서 찾는 사람도 있지만 주변 대형빌딩의 공급에서 찾는 사람도 있다. 도심에는 2010년대에 수많은 대형 빌딩이 들어섰다. 각 빌딩은 수익률 향상을 위해 유명 식음료F&B업체를 유치했다. 이로 인해 직장인이 굳이 종로에 갈 필요성을 느끼지 못한다는 것이다. 기울어진 이유야 어쨌든 더 많은 시간이 흐르기 전에 종로의 부활을 기대한다.

해당 사례 빌딩은 대지면적 133.6m², 연면적 79.34m², 관철동 먹자골목 안쪽에 자리잡은 조그만 상가빌딩이다. 13년 30억 원에 매입한 빌딩은 19년 28억 5,000만 원에 매도했다. 매도 시기도 대세 상승기가 시작되기 직전이었다. 안타깝게도 상권이 성숙기에 접어들면서 이익을 봐도 시원치 않을 판국에 1억 5,000만 원 손실거래를 했다. 매각될 당시에 매수인 찾기도 어려웠을 것으로 예상된다.

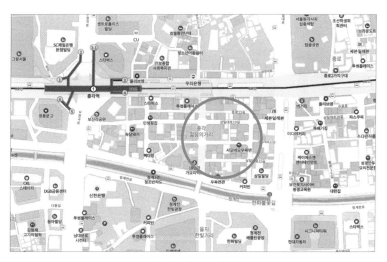

[그림 8-1] 종로 사례

2

절묘한 매매 타이밍으로
손쉽게 돈을 번 성공 사례

부천역사는 엄청 크고 웅장하게 지어졌다. 부천역사는 지하1층~ 지상9층 건물로 지상에는 이마트와 교보문고가 입점해 있고 지하에는 부천지하상가가 조성되어 있다. 이 지하상가에는 전국 최초로 지하 분수대 광장이 설치되었고 많은 부천시민들이 약속장소로 이용하는 곳이다. 부천역 북부에는 부천역 로데오거리가 형성되어 있다. 이 로데오 상권은 부천시에서 가장 상권이 활발한 지역으로 꼽힌다. 다양한 쇼핑시설, 술집, 레스토랑, 유흥업소, 숙박시설이 들어서 있고 교통량과 유동인구도 많다.

부동산에는 '대세 상승기에는 개 집도 올라간다'는 말이 있다. 2020년~2022년 상반기까지 대세 상승기에는 전국에 있는 모든 부동산 가격이 올랐다. 누군가는 대세 상승기 직전에 팔았을 수도 있고 누군가는 아무 생각없이 샀는데 대세 상승기를 맞았을 수도 있다. 전국적으로 영향을 미치는 요소에 의해서 만들어진 대세 상승기 때의 거래다.

해당 사례 빌딩은 대지면적 235m², 연면적 519m², 지하1층~지상3층으로 지어진 상가빌딩이다. 18년 17억 7,500만 원에 빌딩을 매입해서 21년 29억 원에 매각했다. 매입 후 리모델링이나 임차인 교체 등은 전혀 하지 않은 것으로 보인다. 보유기간 약 3년만에 11억 2,500만 원의 매매차익을 올렸다. 매입금액의 50%를 대출로 조달했다면 단 3년간의 자기자본 수익률은 130%에 육박한다.

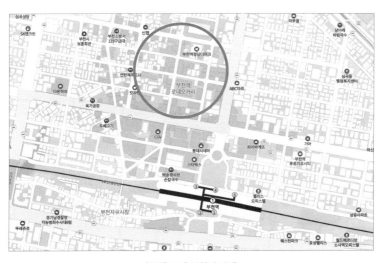

[그림 8-2] 부천시 사례

3

성숙기 지역에 투자해
기회비용을 날려버린 실패 사례

상권은 살아서 움직인다. 빠르지는 않지만 서서히 움직인다. 상권의 변화를 확인하기 위해서는 정기적으로 현장에서 가게의 변화를 추적해야 한다. 부동산은 주식과 달리 상권이 침체되면 회복하는데 상당한 시간이 필요하다. 그래서 상권이 성숙기로 접어들기 전에 반드시 빠져 나와야 한다. 빌딩을 들고 성숙기로 진입하면 인고의 시간이 필요하다.

이대 상권은 한 때 꽤 유명한 상권이었다. 스타벅스 1호점을 이대역 상권에 출점했을 정도다. 하지만 지금 이대역 상권은 성숙기에 머물고 있다. 보세 옷집들은 인터넷쇼핑에 밀리고 인근에 성장한 홍대상권은 서울 서북부 최고 상권으로 성장했다.

해당 사례 빌딩은 대지면적 75m², 연면적 118m², 1994년에 지상 3층으로 지어진 전형적인 상가건물이다. 09년 15억 원에 매입한 빌딩을 22년에 18억 원에 매매했다. 타지역은 20~22년 사이에 거의 두배로 뛰었는데 해당 빌딩의 시세는 09~22년 무려 13년 동안 겨우 20% 올랐다. 이것은 매년 겨우 1.4%씩 복리로 올랐다는 것을 의미한다.

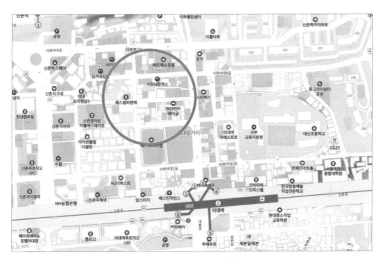

[그림 8-3] 이대역 사례

4

꼼꼼한 조사로 도입기에 투자해
큰 부자가 된 성공 사례

상권이 성장하기 시작하는 시기에 진입하는 것은 생각보다 어렵다. 단순히 용기의 문제가 아니다. 상권의 성장을 확신하기가 정말로 어렵다. 상권 도입기에서 전기 성장기로 진입하는 단계에 투자하는 투자자들은 몰빵 투자자가 아니다. 여러 지역에 분산 투자하는 경우이거나 가진 재산의 전부가 아닌 어려워져도 감당할 수있는 수준의 투자인 경우다.

서울숲 카페거리는 수많은 성공 투자자를 만들어 냈다. 다가구 주택 밀집지역이 최고의 핫 플레이스로 성장하면서 빌딩 가격은 무섭게 올랐다. 많은 연예인들이 매입했던 지역이다. 단기간 수익을 보고 나간 투자자도 있고 상권 도입기에 진입해서 충분한 수익을 누린 경우도 많다. 그럼 지금 진입하는 것은 어떨까? 지금은 전기 성장기는 넘어선 것으로 보인다. 정밀한 진단이 필요하다.

　해당 사례 빌딩은 대지면적 291m², 연면적 490m², 1985년에 지하1층~지상3층으로 지어진 상가주택이었다. 14년 24억 5,000만 원에 빌딩을 매입해서 21년 85억 원에 매각했다. 외관에 대한 리모델링은 눈에 띄지 않는다. 다만 주택을 근린생활시설로 변경했다. 최고의 시기에 매입해서 최고의 시기에 팔았다. 7년간 보유하면서 60억 5,000만 원의 매매차익을 만들었다. 매수금액의 50%를 대출로 조달했다면 자기자본 수익률은 무려 500%에 육박한다.

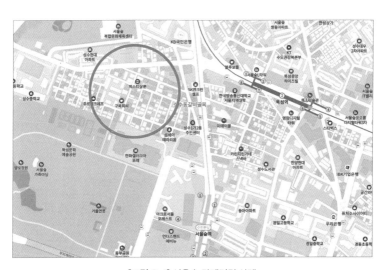

[그림 8-4] 서울숲 카페거리 사례

5

빌딩가치 산정 오류로
큰 낭패를 본 실패 사례

이 사례로 누군가를 비난하거나 누군가를 우습게 보려는 의도가 아니다. 다만, 이 사례를 교훈삼아 많은 투자자들의 실수를 줄이는 계기가 되었으면 한다. 해당 사례는 테헤란로에서 일어났다. 해당 사례는 대지면적은 342m², 연면적은 3,312m² 빌딩으로 2008년에 지하3층~지상15층으로 신축되었다. 매입거래는 2011년에 일어났다. 매매금액은 270억 원으로 연면적 기준 3.3m²당 매매금액은 2,694만 원이었다.

2011년 당시 테헤란로에서 거래된 사례의 가격은 연면적 기준 3.3m²당 1,600만 원~1,700만 원 사이다. 2015년에 가서야 연면적 기준 2,000만 원 내외까지 상승한다. 물론 위치와 빌딩의 상태에 따라서 금액은 달라질 수 있다. 하지만 이정도로 큰 차이를 보이지는 않는다. 매수인은 특별한 목적이 있어서 매입한 것으로 보이나 시장가격과는 꽤 많은 차이가 있다.

그리고 이 투자자는 2018년 매각으로 투자금을 회수하는데 매매금액은 293억 원이다. 7년간 보유하면서 얻는 매매차익은 23억 원에 불과하다. 물론 23억 원이라는 돈의 절대 금액이 작다는 말은 아니다. 하지만 해당 거래의 취득세만 계산해도 12억 원이 넘는다. 매수인은 분명히 매수의 특수한 목적이 있었을 것으로 보인다. 하지만 부동산 투자적인 관점에서만 본다면 실패다.

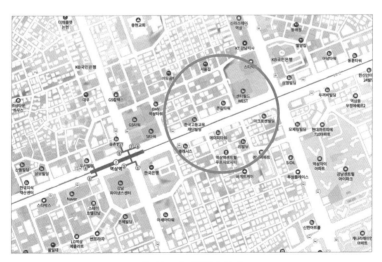

[그림 8-5] 테헤란로 사례

6

리모델링으로 단기간 가치를
상승시킨 성공 사례

부산의 전통적인 상권은 서면과 광복동이었다. 하지만 해운대 신시가지가 생기고 센텀시티가 생기기 시작하면서 상권은 요동쳤다. 해운대 주변으로 부산의 부자들이 몰리면서 외제차 전시장, 고급 가전 전시장은 서면과 광복동이 아니라 해운대 출점이 1순위가 되었다. 예전의 해운대는 해수욕장이 있는 여름철 한 철 장사를 하는 곳이었는데 이제는 사계절 유흥상권으로 발전했다.

사람들이 기억하는 해운대의 이미지는 해수욕장에서 고층빌딩으로 변해가고 있다. 센텀시티에 고급 주상복합아파트, 호텔들이 들어서면서 누가누가 더 높이 올라가나 시합을 보는 것 같다. 해운대역 뒤편으로는 이런 고층 빌딩과 다른 고즈넉한 마을이 있다.

해운대 해변에서 바라보는 휘황찬란한 풍경과는 정반대되는 모습을 가진 곳이 해리단길이다.

해당 사례는 15년 11월 단독주택을 7억 1,400만 원에 매입했다. 대지면적은 138m², 연면적은 139m²이고 1987년에 지어진 2층짜리 주택이었다. 매입 직후 건축물의 용도는 근린생활시설로 바꿨지만, 바로 리모델링을 하지는 않았다. 2018년에 가서야 리모델링을 시작했다. 리모델링 직후 들어온 브랜드가 현재까지도 영업을 하고 있다. 2022년 매각금액은 22억 원이다. 매매차익은 14억 8,600만 원이고 매입가의 50%를 대출로 조달했다면 자기자본 수익률은 400%를 넘어간다.

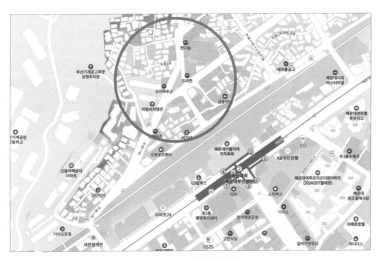

[그림 8-6] 헤리단길 사례

7

소형 신축으로 대박 난
성공 사례

연남동의 시작은 동진시장이었다. 홍대 상권이 뜨거워지면서 임
대료가 올라가자 돈 없는 예술가들은 길 건너 연남동 동진시장 인
근으로 모여들기 시작했다. 당시는 매니아들만 알고 지내던 상권
이었다. 하지만 경의선 폐철길을 활용해서 경의선 숲길을 만들자
사람들이 갑자기 모여들기 시작했다. 홍대의 답답한 술집이 아니
라 야외 숲길에서 자리를 펼치고 먹는 술 맛에 반해 수많은 젊은
이들이 몰렸고 경의선 숲길은 연트럴파크로 불리게 된다.

지금은 숲길에서 술을 마시는 것이 금지되었다. 하지만 당시 일
어났던 붐은 더 넓은 지역으로 퍼져 나가고 있다. 연남동은 리모
델링이 많다. 연남동은 주거지역이었기 때문에 다가구 주택이 즐
비했다. 이런 다가구 주택을 사서 용도변경하고 근린생활시설 빌

딩으로 리모델링하는 것이 유행처럼 번졌었다. 하지만 리모델링은 과거 주택의 흔적을 완전히 지우지는 못한다. 빌딩 층고와 빌딩 코어는 움직이기 어렵다. 그래서 신축 빌딩만 매수대상 리스트에 올리는 매수인도 있다.

해당 사례도 다가구 주택을 2016년에 6억 7,000만 원_{대지면적 기준 3.3m²당 2516만 원} 매입해서 2017년 신축한 사례다. 대지면적 $88m^2$의 소형 부지다. 매입 후 준공까지 1년도 걸리지 않았다. 빌딩의 연면적은 $168m^2$로 지하는 없고 지상 4층 빌딩이다. 카페, 사무실로 사용하던 빌딩은 23년에 16억 8,000만 원에 매각했다. 건축비를 감안하더라도 자기자본 수익률은 120%가 넘을 것으로 예상된다. 작은 빌딩이라고 우습게 보지 말고 열심히 밸류애드할 수 있는 방법을 찾아보자.

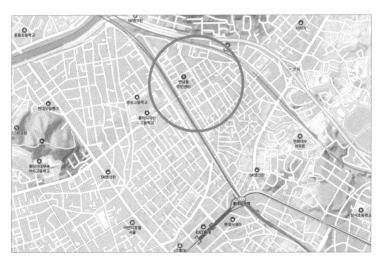

[그림 8-7] 연남동 사례